반려견 셀프 미용 그리고 홈 케어

반려견 셀프 미용 그리고 홈 케어

초판 1쇄 인쇄 2020년 10월 16일
초판 1쇄 발행 2020년 10월 26일

지은이	최윤희, 강호빈
펴낸이	임충배
편집	김민수
홍보/마케팅	양경자
디자인	정은진
펴낸곳	마들렌북
제작	(주)피앤엠123

출판신고 2014년 4월 3일
등록번호 제406-2014-000035호

경기도 파주시 산남로 183-25
TEL 031-946-3196 / FAX 031-946-3171
홈페이지   www.pub365.co.kr

ISBN 979-11-90101-38-7 13490
Copyright©2020 by 최윤희, 강호빈 & PUB.365, All rights reserved.

· 저자와 출판사의 허락 없이 내용 일부를 인용하거나 발췌하는 것을 금합니다.
· 저자와의 협의에 의하여 인지는 붙이지 않습니다.
· 가격은 뒤표지에 있습니다.
· 잘못 만들어진 책은 구입처에서 바꾸어 드립니다.
· 마들렌북은 도서출판 삼육오의 브랜드입니다.

《슬기로운 집사생활》

반려견 셀프 미용 그리고 홈 케어

동영상으로 쉽게 배우는

머리말

　세 집 걸러 한 집이 개를 키우는 천만 반려견 시대라는 말이 보편화된 지금. 과연 우리는 반려견과 함께함에 있어 꼭 필요한 지식을 얼마나 알고 있을까요? 그냥 예뻐한다, 밥을 준다, 간식을 준다, 놀아 준다. 대다수의 사람이 이 정도 생각만을 동일하게 가지고 있지 않을까 합니다. 물론 꼭 필요한 것들이지만 반려견과 함께 살아감에 있어 필요한 것들이 비단 저런 것뿐만은 아닐 거예요.

　저는 슈나우저 4마리와 함께한 지 14년째입니다. 아이들이 많아지면서 금전적인 부분이 부담스러워졌고 자연스럽게 셀프 미용을 해야겠다는 생각에까지 이르게 되었습니다. 미용실에 맡기고 '알아서 예쁘게 해주세요'가 전부였던 시절, 어떤 회사의 제품이 좋은지도 모르고 무작정 사 온 클리퍼. 처음 잡아보는 클리퍼는 낯설기만 했고 제대로 된 지식도 없이 무작정 밀기에 급급하다 보니 강아지나 사람이나 여간 힘든 것이 아니었습니다. 아이들 몸에 생기는 생채기들… 몇 시간의 고생 끝에 겨우 마무리할 수 있었던 것이라고는 소위 말하는 '빡미용'이었습니다.

　털은 또 어찌나 그리 빨리 자라는 것 같은지… 잦은 미용에 도움을 받고자 했던 인터넷 검색으로는 정보의 한계가 분명히 있었고, 매번 미용할 때마다 전쟁을 치르면서 이대로는 도저히 안 되겠다는 생각이 들었습니다. 셀프 미용을 하면서 궁금한 점도 많이 생겼고 조금 더 전문적인 지식도 필요했습니다. 그리고 무엇보다 셀프 미용을 하면서부터 늘어가는 아이들 몸의 상처를 보면서 그 마음이 더 절실해졌습니다. 스스로 무식하면 용감하다는 말이 용납이 안 되는 시절이었던 것 같습니다.

　학원에 다니며 새롭게 알게 되는 지식에 신세계를 경험했고 그동안 내가 얼마나 무지했는지 반성도 많이 하는 계기가 되었습니다. 그러면서 자연스럽게 직업으로까지 연결이 되어 지금까지 쭉 반려견 미용과 인연을 맺고 있는 중입니다.

저처럼 금전적인 부분이 부담스러워서, 미용 후 극심한 스트레스를 받는 반려견을 위해서, 반려견과 더 많이 교감하기 위해서 등 다양한 이유로 셀프 미용을 시작하려는 분이 많을 것으로 예상됩니다. 그리고 시작한 후의 그 답답함도 충분히 이해합니다.

10여 년 전의 그때보다는 나아졌겠지만 인터넷 검색을 통한 정보들은 각양각색이고, 또한 너무나도 많은 오류가 있습니다. 이로 인해 정확한 정보를 얻고자 하는 분들이라면 혼란스러울 수밖에 없을 것이라 생각됩니다. 똑같은 마음으로 똑같은 상황을 겪어본 입장에서 셀프 미용에 맞게 복잡하고 어려운 전문용어들이 난무하는 것보다는 보다 간편하고 쉽게 알려드리고자 합니다.

처음부터 깔끔하고 예쁘게 잘한다면 더할 나위 없이 좋겠지만, 전문적인 교육을 받지 않은 상황이라면 누구나 실수할 수 있고, 실패할 수 있습니다. 셀프 미용의 가장 큰 장점은 시간이 많이 걸려도 상관없다는 점, 조금 망쳐도 스스로 만족하면 된다는 점입니다. 특히나 불안감 하나 없이 편안한 분위기에서 미용 받을 우리 집 강아지를 생각한다면 두려움과 무서움은 잠시 접어두는 것이 좋지 않을까 합니다. 배운 대로 차근차근히 해나가다 보면 어느새 손에 익어 자신감 있는 손놀림을 보이는 자신을 발견하게 될 것입니다. 기본은 지키고 조심은 하되, 할 수 있다는 자신감은 절대 잃지 말 것. 꼭 기억해두었으면 좋겠습니다.

반려견 미용 종사자들이 보기에는 조금의 불편함이 없지 않아 있을 테지만, 반려견 미용사 이전에 반려인이라는 것을 먼저 생각해 주었으면 합니다. 사랑하는 아이들과 조금 더 교감하면서 조금 더 편안하고 행복한 순간을 보낼 수 있다면 그걸로 만족이라고 생각해 주었으면 합니다.

목차

머리말   004

Chapter 1
반려견 기초 케어

1 예방접종의 종류와 시기   011
2 목욕과 미용   015
3 이갈이   019
4 강아지 인식표   023

Chapter 2
반려견 초급 셀프 미용

1 털 풀기   029
2 귀 관리   035
3 발톱 깎기   043
4 항문낭 관리   049
5 이 닦이기   055
6 목욕하기   061
7 드라이   069

Chapter 3
반려견 중급 셀프 미용

1 항문 클리핑   077
2 생식기 & 배 클리핑   083
3 발 클리핑 & 풋라인 잡기   089
4 몸통 클리핑   095
5 가위 잡는 법   101

Chapter 4 **반려견 고급 셀프 미용**	1 엉덩이, 뒷다리 시저링	113
	2 등, 옆, 배 시저링	119
	3 목, 앞가슴, 앞다리 시저링	125
	4 얼굴, 귀 시저링	129
Chapter 5 **반려견 의료정보**	1 중성화 수술	137
	2 사료 급여	141
	3 눈물 자국	147
	4 심장사상충	151
	5 구충제	155
	6 약 먹이기	157
	7 이로운 음식, 해로운 음식	161
	8 발정 주기, 임신 & 출산	169
	9 강아지 구급상자	177
	10 귀 질환	179
	11 노령견 질병 & 증상	185
	맺음말	190

반려견 기초 케어

반려견과 함께 하는 것이 처음이 아니더라도
눈앞에 있는 이 아이와는
모든 것이 처음이라는 사실을 아셔야 해요.
그 부분을 꼭 염두에 두시고
첫걸음을 떼 봅시다!

예방접종의 종류와 시기

"예방접종은 꼭 해주시는 것이 좋습니다."

가장 중요한 점은 새끼가 태어났을 때, 어미로부터 24시간 안에 초유를 먹어야 한다는 것입니다. 아이들이 초유를 먹어야만 어미에게서 당분간 살아나갈 때 필요한 항체를 받게 됩니다. 그 항체를 통해서 당분간은 주변 환경에 노출이 되었을 때 병원균에 감염이 되는 상황에서 보호를 받을 수 있습니다.

하지만 이 항체가 계속 유지되는 것은 아닙니다. 생후 한두 달 정도가 지나가게 되면 항체는 자연스럽게 소진되고 점차 자기 스스로 항체를 만들어나가기 시작합니다. 그런데 어미에게서 받은 항체가 소진되는 시기와 스스로 항체를 만들어나가는 이 시기 사이에 공백기가

있습니다. 이때는 감염의 위험이 비교적 커지게 되고 바로 이 시기에 예방접종을 시작하게 되는 겁니다.

　보통 생후 8주 정도에 예방접종을 시작합니다. 단, 반려견이 사는 곳이 감염의 위험의 높은 곳이라면 생후 6주부터 예방접종을 시작할 수 있습니다.

　예방접종의 종류에는 여러 가지가 있습니다. 종합 백신도 있고, 코로나, 전염성 기관지염, 광견병, 신종플루 등의 접종들이 있는데, 보통 2주~4주 간격으로 접종이 이루어집니다. 이런 예방접종 순서 및 일정은 병원에 따라서 다를 수 있기 때문에 가까운 병원에 문의하셔서 그 병원의 프로토콜에 맡게 접종을 진행하시면 되겠습니다.

　첫해의 접종이 다 완료되고 난 후에는 항체가 제대로 형성이 되었는지 아닌지 모릅니다. 그것은 개별적인 몸의 특이성 등에 의해 항체가 제대로 형성되지 않는 아이들도 있으므로 가능하면 항체 검사를 통해서 확인을 하시고, 항체가 제대로 형성이 되었다면 그 다음부터는 일 년에 1회 정기적인 재접종을 통해서 유지해 주시는 것이 좋습니다.

여기서 정기적인 재접종에 대해 조금의 부연 설명을 해드리자면, 일반적으로 예방접종을 진행하실 때는 병원의 안내에 따라 5차에서 6차까지 접종을 합니다. 여기까지 진행을 하고 나면 많은 분이 거기까지가 끝인 줄 알고 계십니다. 그런데 사실은 그것이 끝이 아닙니다. 첫해에는 항체를 제대로 형성하기 위해서 여러 번 주사를 맞히지만, 그 목적이 달성되고 난 후에는 1년에 한 번씩 추가 접종이 꼭 필요합니다.

예방접종을 언제까지 해야 하는지 궁금해하시는 분들이 많습니다. 대략 12살, 13살이 될 때까지 매년 꾸준히 예방접종을 해오셨다면 그 정도 나이가 되었을 때는 더 이상 예방접종을 하지 않으셔도 괜찮습니다.

'접종이 끝나기 전에 산책을 시키면 안 되나요?'라는 질문을 정말 많이 받습니다. 그런데 그것은 예전 얘기이고, 잘못된 상식입니다. 접종이 끝나기 전에도 가능하면 언제든지 데리고 나가시는 것이 좋습니다. 그렇게 해서 주변 환경과 새로운 것들을 자주

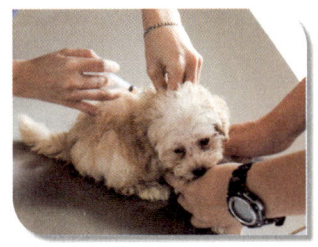

보여주시는 것이 좋습니다. 이 시기의 아이들은 많은 자극이 필요합니다. 그래야 아이들도 주변 사람들이라든가, 다른 강아지들, 주변 환경에 대해서 익숙해지고, 더불어 아이들의 사회화가 잘 이루어질 수 있는 겁니다.

예방접종 시기와 사회화 시기가 공교롭게도 겹치기 때문에, 거기에 대한 딜레마가 있을 수밖에 없습니다. 하지만 아이들이 갖는 성격은 그 시기에 형성되는 아주 중요한 것이기 때문에 이 시기를 놓치게 되면 평생 어려움을 겪게 됩니다. 그렇기 때문에 가능하면 친구 집에 놀러갈 때나, 집 앞 슈퍼마켓에 갈 때에도 잠깐씩 데리고 나가시는 것도 아주 좋은 방법입니다. 일반적으로 산책 시간은 생후 1개월령당 5분 정도씩 추가된다고 생각하시면 됩니다. 생후 3개월이 지났다면 15분 정도의 산책이 가능합니다.

예방접종의 종류와 시기 key point

1. 어미의 초유는 반드시 공급! 생후 8주부터 예방접종 시작!
2. 예방접종은 보통 2~4주 간격. 각 병원의 접종 일정 확인!
3. 예방접종 기간 중 산책 가능! 아이들의 사회화를 위해 필수!

목욕과 미용

　강아지를 입양하고 병원에 처음 내원하셨을 때 가장 많이 하시는 말씀 중 하나가 '언제 목욕이 가능한가요?'라는 질문입니다. 이 질문에 대한 확실한 답은 없습니다. 그런데 기본적으로 '목욕은 자주 하지 않는 것이 좋다'라는 것입니다. 특히 아이가 어릴 때는 면역력이 완전히 완성되지 않은 상태이기 때문에 자주 목욕을 하게 되면 감기도 쉽게 걸릴 수 있으므로 되도록 잦은 목욕은 삼가시는 것이 좋습니다.

　성견이 되어서도 마찬가지입니다. 아이들이 목욕을 너무 자주 하게 되면 쉽게 피부병에 걸리게 됩니다. 동물의 피부는 털이 있는 모공에서부터 피지가 만들어져서 다른 털을 덮고 피부 또한 다 덮어야 합니다. 이렇게 아이들은 스스로 자연적인 방어벽을 만들어갑니다.

　그런데 너무 자주 목욕을 시키고, 털을 짧게 깎아버리면 우리가 인위적으로 이 아이들이 가지고 있는 자생적인 방어벽을 걷어내는 상황이 됩니다. 그 결과는 결국 피부병으로 나타납니다. 그래서 목욕 시기는 최대한 길게 잡아달라고 보호자께 말씀을 드립니다. 하지만 정작 가정에서 아이들을 키우시는 분들은 집에서 키우는데 냄새가 너무 많이 난다고 말씀하십니다. 그래도 일주일에 한 번씩 목욕 주기를 잡으시는 것은 너무 짧습니다. 다시 한번 말씀드리지만 너무 잦은 목욕은 아이들에게 해로운 것이라는 점에 대해서 인식해 주시면 좋겠습니다.

　털 관리도 목욕과 마찬가지입니다. '우리 강아지가 털이 너무 빠져서 자주 미용을 해야 한다.'라고 말씀을 하신다면, 그것은 이미 선택할 때부터 잘못됐다고 보시면 됩니다. '내가 어떤 아이를 키울까' 하는 첫 번째 단계에서 '이 아이가 얼마나 성장할 것인가', '이 아이의 털은 얼마나 긴 견종인가' 등 이런 점들에 대해서 함께 고민을 하셨어야 합니다. 그리고 그런 고민을 하지 않으셨더라도 털은 스스로 아이들의 피부를 보호해주는 역할을 하므로 털이라는 것은 아이들에게 굉장히 중요한 의미가 있다는 것을 아셔야 합니다.

여름철에 아이들이 더울까 봐 일명 '빡빡이' 미용을 하는 분들이 많으신데, 사실은 굉장히 위험한 것입니다. 동물 복지 선진국에서는 피치 못할 사정으로, 예를 들어 아이가 수술을 해야 하는 상황이 되어서 부분적으로 털을 밀게 되면 퇴원할 때 동물용 선크림을 몸에 발라 주기도 합니다. 왜냐하면 아이들의 피부는 사람들의 피부보다 훨씬 약하기 때문에 아이들이 햇볕을 쬐어 자외선에 피부가 직접적으로 노출이 되면 심한 경우 피부에 종양까지 생길 수 있기 때문입니다.

아이들의 피부는 우리가 어떻게 관리를 해주느냐에 따라 상당한 영향을 받습니다. 그러므로 여름이 되더라도 '빡빡이' 미용은 절대 삼가시는 것이 좋습니다. 여름철에 아이들이 털 때문에 더워한다면 배 부분의 털을 짧게 밀어주시는 것도 좋은 방법입니다. 찬 바닥에 배를 대고 체온을 조절할 수 있기 때문에 큰 도움이 될 수 있습니다.

미용 역시 시기에 대해 정해진 규칙은 없습니다. 너무 어린아이를 미용을 하려고 미용실에 데리고 가신다고 하더라도, 기본적인 훈련도 되지 않은 백지 같은 아이들은 가만히 있지 않습니다. 그런데 그런 상태로 억지로 잡고 미용을 하는 그 자체가 아이들에게는 엄청난 스트레스로 다가옵니다. 그렇기 때문에 어려서부터 미용을 하는 것보다는 어느 정도 성장하고 훈련이 된 상태에서 미용을 하시는 것이 바람직합니다.

배내털에 대해서도 많이 궁금해하십니다. 배내털이라고 하는 것은

아이들이 태어날 때부터 가지고 나오는 털입니다. 보통 병원이나 미용샵에 가서 '배내털은 일단 기르다가 나중에 한꺼번에 싹 밀고 다시 길러라'라는 말을 많이들 듣고 오십니다. 결론부터 말씀드리면, 굳이 배내털을 기른 후에 싹 밀 필요는 없습니다. 배내털이라는 것도 일생에 한 번 가지게 되는 털입니다. 그래서 그냥 자연스럽게 기르면 됩니다. 기르면서 자주 빗질해주면 자연스럽게 빠집니다.

그 후에 본래 아이가 가진 털이 나오기 시작하면 그 털의 모습은 자연스레 바뀌게 되어 있습니다. 그렇기 때문에 아이 미용에 대해 너무 급하게 생각하지 마시고, 내가 원하는 방향으로 아이를 키우려고 하기보다는 '내가 키우는 아이는 어떤 아이인가?'라는 점을 생각해 보시고 아이들이 가진 본연의 모습을 존중하면서 함께하는 것이 좋은 방향이 아닐까 생각합니다.

목욕과 미용 key point

1. 아이의 목욕 시기는 최대한 늦춰서!
2. 미용 시기 역시 아이가 어느 정도 성장한 후에!

이갈이

강아지도 사람과 마찬가지로 이갈이를 합니다. 그렇다면 이갈이 시기에 대해 궁금하실 텐데요. 강아지 종에 따라서 이갈이 시기에 차이가 있으므로 대략 말씀을 드려보겠습니다. 가장 먼저 알고 있어야 할 상식은 치아의 개수겠지요. 유치는 28개, 영구치는 42개입니다. 유치 시기에는 영구치가 나올 자리를 모두 채우고 있지는 않기 때문에 치아 사이가 비어 보일 수 있습니다.

치아를 가지고 태어나는 아이들도 있지만 보통의 강아지들은 3주 정도까지는 치아가 없을 수도 있습니다. 일반적으로 6주 정도 지나게 되면 유치가 다 보이기 시작합니다. 생후 3개월이 지나면 영구치가 나타나기 시작하고, 생후 6개월 정도가 되었을 때 영구치가 완전히 나오는 과정을 거칩니다.

이때 많은 경우에 유치 잔존이라는 것이 발생하게 됩니다. 유치 잔존이란 영구치가 나왔음에도 불구하고 유치가 빠지지 않고 남아 있는 경우를 말합니다. 어금니에 유치 잔존이 있는 경우보다는 앞니나 송곳니 부분에 유치가 남아 있는 경우가 대부분입니다. 송곳니에 유치가 남아있는 경우는 조금 문제가 될 수 있습니다. 그런 경우에는 중성화 수술을 하면서 함께 유치를 제거하는 것도 한 방법입니다.

뿌리가 너무 깊은 경우에는 쉽지 않지만, 그렇지 않은 경우라면 집에서도 제거가 가능합니다. 남아있는 유치를 보호자가 손으로 밀어보는 것입니다. 이빨을 밀고, 흔들면서 자극을 주는 동시에 터그 놀이와 같은 것으로 아이와 놀아주다 보면 유치가 빠지는 경우도 상당히 많습니다. 그렇기 때문에 아이가 거부감을 느끼지 않는 범위 내에서 시도해 보시고 가정에서 가능한 상황이라면 굳이 병원에 내원해서 힘들게 마취시키고 뽑지 않으셔도 됩니다.

강아지는 사람과 치아의 구조가 다르기 때문에 충치가 많지는 않습니다. 중요한 것은 유치 관리가 되지 않으면 치아 사이에 여러 가지 이물질이 끼고, 그로 인해 어렸을 때부터 입 냄새가 나고 그 위에 계속 치석이 쌓입니다. 치석에는 온갖 세균이 번식하게 되고 결국 치주염이 생깁니다.

구강 내의 세균 번식은 단순히 구강의 염증을 일으킬 뿐만 아니라 폐나 심장 등 여러 장기에 영향을 줄 수 있기 때문에 구강 관리야말로 아이의 건강관리의 기초가 된다고 볼 수 있습니다. 최근의 연구 결과에 따르면 치아 관리가 잘된 아이들의 평균수명이 그렇지 못한 아이들에 비해 더 길다고 합니다.

 치석 관리의 기본은 양치질입니다. 아이가 양치를 싫어한다고, 내가 양치해주기 귀찮다고 그냥 넘어가지 마시고 매일 한 번씩 아이들 치아를 체크해 주세요! 아이가 입 벌리기를 싫어해서 양치를 못 한다면 이미 보호자로서 잘못된 교육의 길을 가고 있다고 보시면 됩니다. 내 개는 내가 컨트롤 할 수 있어야 합니다.

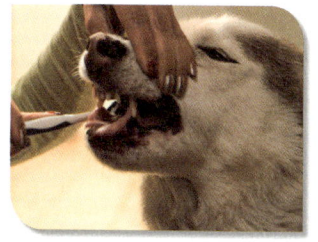

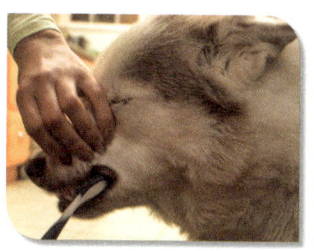

이갈이 key point

1. 유치 잔존의 경우 뿌리가 깊지 않다면 손가락으로 흔들어 뽑아 보자!
2. 하루에 한 번 정기적으로 양치하기!
3. 아이의 구강 관리는 질병 예방의 기본!!

강아지 인식표는 크게 세 종류로 구분할 수 있습니다. 첫 번째로 내장형 칩이 있습니다. 두 번째는 외장형 칩, 세 번째로는 이름만 기재하는 인식표가 있습니다.

세 번째로 말씀드린 인식표는 간단한 등록 절차 후 보호자가 직접 목걸이에 아이의 이름, 보호자의 전화번호, 주소를 적는 형태입니다. 그래서 세 번째 인식표는 분실하게 되면 아무 쓸모가 없기 때문에 절대 추천해 드리지 않습니다.

　외장형 인식표는 외장형 목걸이에 칩이 달려 있습니다. 이 칩의 정보는 모든 동물병원, 동물 보호소에 구비된 스캐너를 통해 읽어낼 수 있습니다. 이렇게 스캔을 하면 보호자가 등록한 반려동물 정보가 나타납니다.

　이제 첫 번째 내장형 칩에 대해 알아보겠습니다. 내장형 마이크로 칩은 굵은 주삿바늘 안에 쌀알만 한 작은 칩이 들어 있습니다. 이 칩에는 등록번호가 내장되어 있고 주사를 통해 아이들의 몸속에 칩을 넣는 방식을 갖고 있습니다. 근육에다 놓는 일반적인 주사 방식은 아니고 피부를 살짝 들어 올려서 피부 아래에 주사하게 됩니다. 주사를 하고 나서 처음 얼마간의 시간 동안에는 칩이 아이 몸 안에서 돌아다닐 수 있습니다. 그러다가 피하 조직과 결합하게 되면서 몸의 어느 한 부분에 정착하게 됩니다. 이렇게 고정이 되면 더 이상 돌아다니지 않습니다.

　사실 초창기에는 저렴한 칩으로 인한 문제가 있긴 했습니다. 하지만 요즘에는 그런 불량한 제품이 나오지 않는 것으로 알고 있고, 그로 인한 부작용도 거의 없으니 안심하셔도 좋습니다.

우리나라는 외장형 칩과 내장형 칩을 구분하여 사용하고 있지만 외장형 칩은 목걸이가 제거되면 칩으로써 의미가 없기 때문에 대부분의 반려동물 선진국에서는 내장형 칩을 사용합니다.

'이런 칩은 어떤 상황에 도움이 될까요?'라는 질문을 상당히 많이 받습니다. 여름철같이 아이들과 외출을 자주 하고 더운 날씨에 문을 열어놓는 분들이 많죠. 이런 경우에 궁금한 것이 많은 아이들은 호기심에 밖에 나가 다른 사람을 따라가기도 하는 등 갖가지 상황으로 보호자와 떨어질 수 있습니다.

이렇게 나간다고 해서 아이가 아주 멀리 가지는 않지만, 막상 상황이 닥치면 보호자가 찾기 힘들 때가 많죠. 이럴 때 집 주변에서 돌아다니는 아이를 누군가 발견을 하게 됐을 때 가까운 동물병원이나 동물 보호소에 신고를 하게 됩니다. 아이가 들어오면 가장 먼저 스캔을 하게 되는데요. 등록이 되어 있는 아이의 경우 스캔을 하면 칩의 번호가 뜨게 됩니다.

이 번호를 토대로 아이의 정보를 살펴보면 거주지나 보호자의 간단한 정보가 뜨기 때문에 수집된 정보를 구청에 보내게 되고, 구청에서 보호자에게 연락하는 절차를 거쳐 아이들이 무사히 보호자 품으로 돌아갈 수 있게 됩니다. 이렇듯 아이가 동물 등록이 되어 있고 내장형 혹은 외장형 칩을 몸에 지닌 경우에는 쉽게 보호자에게 돌려보낼 수 있습니다.

실제로 인식표를 지니고 있어서 곧바로 보호자를 찾는 사례가 상당히 많이 있습니다만, 반대로 아무 정보가 없는 아이들은 어떻게 할 방법이 없습니다. 결국 이런 아이들은 유기 동물 센터로 보내지게 됩니다. 알고 계시겠지만 유기 동물 센터에서는 지속적인 보호를 받지 못합니다.

'인식표 삽입 시 아프지 않나요?'라는 궁금증도 많이들 갖고 계시죠. 결론부터 말씀드리면 그렇게 많은 아픔을 느끼지는 않습니다. 내장형 칩을 삽입하는 것을 보호자께서 참관하시는 경우에 '벌써 끝났나요?'라고 물어보실 정도로 아이들이 아파서 소리를 지르거나 우는 경우가 거의 없고 근육 주사가 아니기 때문에 통증에 대한 걱정은 덜하셔도 될 것 같습니다.

인식표는 아이를 입양하고 3개월 후부터 등록이 가능합니다. 소중한 아이를 잃어버리고 못 만나게 되는 일은 없어야겠죠. 동물을 등록하는 것은 아이들과 보호자 모두에게 꼭 필요한 일임을 명심하시고 인식표 착용도 꼭 해주셨으면 좋겠습니다.

강아지 인식표 key point

1. 동물 등록, 마이크로 칩 삽입을 통해 혹시 모를 상황에 대비하세요!

Chapter 2
반려견 초급 셀프 미용

반려견 셀프 미용이란 예쁘고 사랑스럽지만 말이 통하지 않고,
자기 고집이 있는 생명체와 일대일로 해나가야 하는 작업이에요.
그만큼 힘이 들 수도 있다는 얘기죠.
일단은 기초부터 차근차근 배워 나가면서
보호자도, 반려견도 도구에 익숙해지는 시간을 가져보세요!

QR 코드를 찍고
동영상으로 배워요!

털 풀기
(빗질하기)

준비물 : 슬리커브러시, 콤브러시

강아지 털 풀기에 대해서 알아볼게요. 털 풀기는 쉽게 생각해서 빗질하는 행위를 떠올리시면 되는데요. 강아지 미용의 가장 핵심과 기초가 되는 것이 바로 털 풀기입니다.

단순히 밀기만 하는 일명 '빡미용'이라고 할지라도 털이 많이 엉켜 있는 상태라면 진행하기가 쉽지 않기 때문에 평소에 관리가 꼭 필요한 부분이에요. 브러싱을 주기적으로 하게 되면 엉킴 방지는 더 말할 것도 없겠죠. 이 뿐만 아니라 브러싱으로 얻을 수 있는 효과들이 몇 가지 더 있어요.

첫 번째로 강아지의 피부 상태를 확인할 수 있게 됩니다. 여름철 습한 날씨로 인한 곰팡이성 피부병이나 겨울철 건조함으로 인한 각질이 일어났을 경우 빠른 시간 안에 발견하고 치료할 수 있게 됩니다. 두 번째로 브러싱이 피부에 좋은 자극을 주게 되면서 혈액순환 촉진의 효과를 볼 수 있어요. 세 번째로 죽은 털을 자주 제거해 주게 됨으로써 피모가 더 튼튼해지기도 하죠.

그래서 위의 이유 때문에라도 단모종들 역시 주기적인 브러싱이 필요합니다. '에이~ 빗질 좀 안 하면 어때?' 하시는 분들 분명히 계실 거예요. 그렇다면 털이 많이 엉켜버려서 괴로워할 강아지의 모습을 상상해보세요. 조금 이해를 돕기 위해 실제로 제가 겪었던 일을 간략하게나마 전해드릴게요.

한 겨울쯤이었어요. 중학생쯤 돼 보이는 여자아이가 패딩 안에 푸들 한 마리를 꼭 끌어안고 샵을 방문했습니다. 여느 미용 때와 마찬가지겠거니 했지만 옷 속에 소중히 안겨 있던 것과는 달리 품에서 내려놓은 모습을 보고서는 입이 떡 벌어질 정도로 경악했어요. 한눈에 봐도 털이 엉키다 못해 갑옷처럼 딱딱하게 굳어있는 것이 그대로 눈에 보였어요. 도저히 일반 가정견이라고는 생각이 안 될 정도의 몰골이었죠. 그와는 너무 상반되게 해맑은 강아지의 표정에 마음이 더 아팠습니다. 참았어야 하지만 못 참고 한마디 했어요.

"관리를 너무 안 해주셨는데요? 클리퍼가 들어가지도 않겠어요."

"4개월 전에 미용했는데요."

몇 개월에 한 번씩 빡미용을 하는 것이 그들이 할 수 있는 최고의 관리라고 하더라고요. 그 얘기를 듣고는 더 이상의 얘기는 무의미할 것 같아 대화를 마쳤습니다.

 화가 많이 났지만 그 상태에서 제가 아이를 위해 할 수 있는 별다른 일은 없었고 원하는 대로 전체 클리핑에 들어갔어요. 클리퍼 날이 들어가지 않을 정도로 털이 심하게 엉켜서 일반 미용 시간보다 훨씬 오래 걸렸습니다. 그 상태로 나름대로 목욕도 시켰다는데 드라이는 제대로 해줬을지…

 불행 중 다행인지는 모르겠지만 피부병은 없었고 발진 정도만 조금 있더라고요. 지금 생각해보면 그 푸들은 피부 하나는 튼튼하게 타고난 것이 아닐까 합니다. 마치 털 갑옷이라도 두른 듯 딱딱하게 굳어 버린 털들을 벗겨 내니 아주 여리고 작은, 전혀 다른 모습의 푸들이 제 앞에 있더군요. 속이 시원하면서도 미용 내내 계속 마음이 아팠어요. 보낼 때 꼭 빗질을 해줘야 한다고 신신당부를 했는데 그 뒤로 그 푸들을 또 만날 수는 없었습니다.

 설마 가정견이 그 정도까지겠어? 하고 생각하시는 분이 꽤 많으실 텐데요. 실제로 아무런 관리를 해주지 않는 보호자들이 많은 것이 사실입니다. 알면서도 안 해주시는 분들도 있고, 대부분 '이런 것까지 해야 돼?'라며 모르고 계신 분들도 많아요. 바쁜 일상을 지내고 귀가하고 난 뒤에는 너무 고단하기 때문에 매일같이 브러싱을 해주기가 쉽지 않다는 것은 잘 알고 있지만 TV 보면서 쉬엄쉬엄, 하루에 한 번씩이라도 해준다면 위의 푸들처럼은 되지 않겠죠. 하루 종일 보호자가 돌아오기만 기다린 강아지를 위해서라도 빗질을 하며 교감하는 시간을 보내는 것. 딱 10분. 결코 힘들고 귀찮다고만은 할 수 없는 시간일 거예요.

그럼 브러싱 방법에 대해서 자세히 알아볼까요? 일단 브러싱을 할 때 사용하는 기본도구는 슬리커 브러시입니다.

슬리커 브러시

일반적으로 슬리커 브러시는 날카롭기 때문에 힘이 들어가게 되면 아이 살을 박박 긁게 되므로 최대한 손에 힘을 빼고 살살 진행해 주셔야 해요.

털풀기 - 엉덩이부터

첫 번째, 브러싱 진행 방향은 강아지 뒤쪽(엉덩이)에서 앞쪽(얼굴)입니다. 이 진행 방향은 모든 미용에 해당되는 이야기이기도 한데요. 눈앞에서 이상한 것들이 왔다 갔다 하고 귀 근처에서 이상한 소리가 들리면 당연히 긴장하게 되고 공포감이 들고 무섭겠죠. 미용을 함에 있어 어떤 행위에 대해 익숙하지 않은 아이들은 보이지 않는 뒤쪽부터 진행을 하게 되면 적응하기도 수월하고 어느 정도 안정을 찾을 수 있습니다.

두 번째, 한 손으로는(슬리커 브러시를 잡지

않은 다른 한 손) 털이 난 역방향으로 털을 쓸어 올려서 잡아주세요. 쓸어 올렸을 때 속살이 보일 정도가 되면 적당합니다.

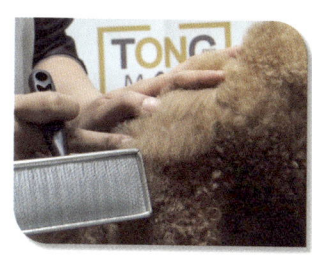

털풀기 - 살이 보이도록

세 번째, 한 번에 많이 하게 되면 놓치는 부분이 생길 수 있으므로 쓸어 올린 털을 슬리커 브러시를 이용해 조금씩 빼내면서 브러싱해 주세요.

네 번째, 빼낸 털은 털끝부터 뿌리 쪽으로 브러싱을 진행해 주세요. 사람도 머리카락이 엉켰을 때 엉킨 부분부터 풀어야 덜 아프잖아요. 안쪽에서부터 힘으로 잡아 뜯는 형식의 브러싱은 성한 털도 같이 뽑아내게 됨으로써 결국 모량이 줄어들게 되고 부분 탈모가 시작될 수 있습니다.

털풀기 - 바깥에서 안으로

다섯 번째, 얼굴은 심하게 엉킨 상태가 아니라면 콤 브러시를 이용해 부드럽게 브러싱해 주시면 됩니다. 눈곱으로 인해 눈앞 쪽이 딱딱하게 굳어 있을 시에는 물티슈를 이용해 그 부위를 조금 풀어준 다음 눈곱빗을 이용하면 쉽게 풀립니다.

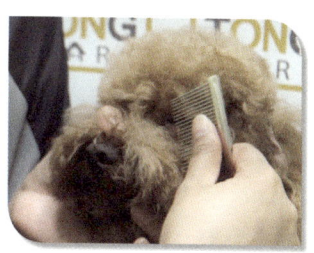

털풀기 - 얼굴은 콤브러시로

브러싱할 때 조금 더 편히 할 수 있는 팁도

알려드릴게요. 브러싱 할 때 팔 전체를 움직이게 되면 힘이 많이 들어가게 되고 어깨도 아프게 됩니다. 이때 손목만 까딱까딱하면서 스냅을 이용해 가볍게 움직여 보면 힘이 덜 들어가게 되는 것을 느끼실 수 있을 거예요. 의도적으로라도 의식하고 연습해보면 훨씬 수월한 브러싱이 가능해지실 겁니다.

또 한 가지, 브러싱으로는 도저히 답이 나오지 않을 만큼 털이 뭉쳤을 경우에는 뭉친 부위에 가위를 이용해 길을 내주는 방법도 있습니다. 길을 낸다고 함은 털이 뭉친 덩어리의 가운데 부분을 살짝 잘라준다는 것인데요. 이때 반드시 강아지 몸 반대쪽으로(털뿌리 쪽에서 털끝 쪽으로) 가위를 쓰셔야 합니다. 그리고 나서 일반적인 브러싱을 할 때처럼 슬리커 브러시를 사용해보면 뭉친 털이 쉽게 제거될 거예요. 하지만 이 방법을 자주 쓰게 되면 듬성듬성 탈모가 온 듯한 모습을 볼 수 있으니 가능하다면 브러싱은 하루에 한 번씩 꼭 해주세요!

 털 풀기 key point

1. 주기적인 브러싱으로 엉킴을 최소화하고 피부를 튼튼하게!
2. 브러싱에 익숙하지 않은 아이들을 위해 진행 방향은 뒤쪽에서 앞쪽으로!
3. 조금씩 빼낸 털은 털끝에서 뿌리 쪽으로!
4. 손에 힘을 빼고 최대한 부드럽게, 천천히, 살살!

QR 코드를 찍고
동영상으로 배워요!

귀 관리
(귀털 뽑기 & 귀 닦이기)

준비물 : 겸자가위(or 귀털가위), 이어파우더, 이어클리너, 탈지면

강아지의 80% 이상이 가진 흔한 질병이 바로 귓병인데요. 귓병이 생기는 이유는 아주 다양합니다. 목욕 후 드라이를 제대로 하지 않아도 생길 수 있고, 다른 강아지들과 어울려 놀다가 옮을 수도 있으며 집안 환경에 따라 생기는 경우 등 셀 수 없이 많은 이유로 귓병에 노출되죠. 너무 흔하지만 많은 분이 무신경한 부분이기도 합니다.

제가 직접 보고 듣고 경험한 바로는 귀 관리에 대해 크게 생각을 못 하시는 분들이 많으시더라고요. 보호자가 조금만 신경 써주면 겪지 않아도 될 고통을 많은 아이들이 평생 갖고 살아가고 있는 거죠.

대부분의 강아지가 귓병을 가지고 있기 때문에 늘 미용이 끝난 후 돌려보낼 때는 보호자께 귀 관리는 꼭 해주셔야 한다고 말씀드리는 것이 입버릇이 될 정도인데요. 방법을 몰라서, 강아지가 싫어해서, 보호자가 무서워서 등의 이유로 대부분은 지켜지지 않아요. '다음 미용 때 또 잘 부탁해요'라는 말씀을 하시는 분들도 계시지요.

일반적으로 미용을 위해 샵을 방문하는 주기는 빠르면 1개월, 늦게는 3~4개월인데요. 많은 분이 이때 한 번에 해결하면 된다는 생각을 갖고 계십니다. 아무런 이상이 없는 강아지라면 한 달에 한 번 정도 관리하는 것도 크게 무리되는 부분은 아닙니다.

하지만 귓병 증상이 있는 강아지라면 일주일만 돼도 귀에서 냄새가 나는 것은 물론 이물질이 귓속과 귓바퀴에 묻어 있는 것을 볼 수 있죠.

이런 상황이 계속되면 강아지는 가려움을 이기지 못하고 지속적으로 귀를 긁게 됩니다. 그러다 보면 귀에 상처가 생기고 그 상처로 염증이 생기고 염증으로 인해 다시 귓병이 심해지는 악순환이 반복되고 결국 병원행이 마지막이 됩니다.

제 단골손님 중에 미미라는 2살 된 말티즈가 있었습니다. 처음 볼 때는 아주 건강한 아이였어요. 그러다 어느 여름날 휴가를 다녀온 뒤 귓병이 발병했어요. 원인은 바닷물이 귀에 들어간 거였죠. 꼭 바닷물이 아니어도 귀에 물이 들어가면 소독과 함께 드라이를 해주셔야 하는데 그 부분을 보호자가 놓치셨어요.

그 후 미용을 왔을 때 미미의 귀는 갈색 이물질이 가득 차 있었고 귀 주변의 털도 그로 인해 갈변되어 버린 상태였습니다.

  미미가 귀를 자주 긁는 것은 알았지만 병원에 가야 할 정도인지는 꿈에도 몰랐다고 하시더라고요. 강아지를 처음 키워보는 분이기도 했고 건강했던 아이이기 때문에 귓병에 대한 정보 자체가 아예 없으셨던 거죠. 바로 병원을 다녀오고 약도 먹이고 했지만 꾸준한 관리가 필요했던 터라 집에서도 열심히 시도해보긴 하셨던 것 같아요.

  하지만 미미가 협조를 해주지 않아서 귀에 상처만 늘어나고 결국에는 자가 귀 관리는 포기하시더라고요. 그래서 일주일에 한 번씩 병원이나 샵에 오셔서 귀를 닦고 가셨죠.

  귓병이 심한 아이일수록 귀를 건드리는 것 자체만으로도 고통이 있기 때문에 쉽지 않은 것은 사실입니다. 하지만 어렵다고 포기해서는 안 되는 부분이기도 해요. 조금 더디더라도 강아지가 적응할 수 있는 충분한 시간을 두고 서로 조금씩 연습하시면 결국 해내실 수 있습니다. 절대 쉽게 포기하지 마세요!

  그럼 귀청소에 필요한 도구들에 대해 살펴볼게요. 필요한 도구는 겸자가위나 귀털가위, 이어파우더, 이어클리너, 탈지면이 있습니다.

  겸자가위는 털을 뽑을 때 사용하는데요. 가위에 아주 작은 홈들이 촘촘히 파여 있는 것을 볼 수 있어요. 이것은 털을 잡았을 때 미끄러져서 빠지지 않게 해주는 역할을 하는 것인데요. 간혹 홈이 없는 겸자가위를 사용하시는 분들이 계시더라고요. 글쎄요... 되도록 겸자가위의 역할을 제대로 할 수 있는 홈이 파여 있는 것으로 구비하시길 바랍니다.

모든 강아지들이 털을 뽑을 때 얌전히 있어 주지는 않아요. 예민하거나 겁이 많은 아이들에게는 겸자가위는 너무 힘든 일이 될 수도 있습니다. 그럴 때는 귀털가위를 사용해보시라고 추천해 드리고 있는데요. 겸자가위와 달리 귀털가위는 털을 자를 수 있게 나온 것이라서 아이들에게 조금의 고통도 주지 않습니다. 특수 제작된 가위라 살을 자른다거나 베이는 일도 희박하죠.

다만 겸자가위로 털을 뽑을 때보다는 조금 더 자주 귀털을 제거해 주셔야 한다는 점이 번거롭고 가격 면에서 조금 더 부담이 있습니다. 두 가지 가위의 장단점을 잘 살펴보신 후 각 가정의 여러 가지 사정을 고려해서 선택해 주시면 좋을 것 같아요.

이어파우더는 쉽게 말하면 미끄럼방지를 위해 사용합니다. 귀가 많이 습하거나 기름진 아이들에게 유용하게 사용할 수 있어요. 하지만 꼭 필수는 아니기 때문에 상황에 맞춰서 생략 가능한 부분입니다. 이것 역시 각 가정의 강아지들의 귀 상태를 보시고 보호자께서 알맞게 선택해주세요.

요즘 이어클리너는 천연제품을 많이들 쓰시더라고요. 단순한 예방목적의 관리를 하는 것이라면 일반적인 제품들을 사용하셔도 무방합니다. 하지만 귓병이 발병된 아이들은 동물병원의 수의사 선생님과 충분한 상의를 하시고 난 후 신중하게 선택하셔야 합니다.

탈지면은 일반 약국에 가시면 쉽게 구하실 수 있습니다. 크게 한 덩어리로 되어 있는 것은 귀에 넣게 되면 귓속에서 솜이 풀려버릴 수도 있기 때문에 권해드리지 않아요. 작은 상자에 정사각형으로 잘려있는 것을 구비해주세요.

이것을 한 번 더 잘라주시면 훨씬 더 사용하기 편하실 거예요. 이유는 강아지들의 귓구멍이 그다지 크지 않기 때문이에요. 있는 그대로 솜을 밀어 넣게 되면 귓구멍보다 솜의 양이 많아 아파할 수 있습니다. 네모난 모양의 솜을 그대로 한 번 더 반을 잘라 주시거나 대각선으로 잘라서 직각삼각형 모양을 만드셔도 좋습니다.

다음으로 귀 관리 방법에 대해서 설명해 드릴게요. 귀 관리 방법은 크게 두 단계로 나눌 수 있습니다.

첫 번째는 귀털을 제거해주는 겁니다. 이때 앞서 설명해 드린 것처럼 필요에 따라 이어파우더를 사용하기도 합니다. 이어파우더는 귓바퀴 부분에 적당량을 뿌려주시고 귀를 전체적으로 조물조물 문질러서 파우더 가루를 고루 퍼트려주시면 됩니다.

귀털을 뽑을 때는 아주 조금씩 잡고 뽑아야 하기 때문에 주의가 필요합니다. 흔히 겪는 일은 아니지만 사람도 털을 뽑힌다고 가정했을 때 한 번에 왕창 뽑히면 엄청 아프잖아요? 그 느낌을 강아지들이 그대로 받는다고 생각해보세요. 사람보다 피부가 더 많이 연약하기 때문에 고통은 배가 되겠죠.

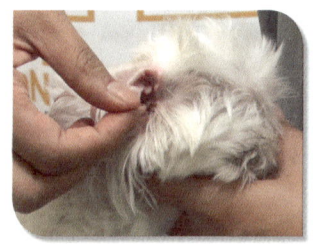

귀 관리 - 손으로 잡고 조금씩

또한 조금만 부주의해도 아이 살을 집는 사고가 발생할 수 있으므로 조금씩 잡고 천천히, 살살 뽑아주는 것이 바람직합니다.

간혹 겸자가위(혹은 귀털가위)의 재질 때문에 귀에 들어가면 차가움에 놀라는 아이들이 종종 있습니다. 이럴 때는 가위를 손으로 감싸 쥔다거나 수건으로 감싸서 따뜻하게 만들어준 다음에 사용해 보시는 것도 좋은 방법이 될 수 있어요.

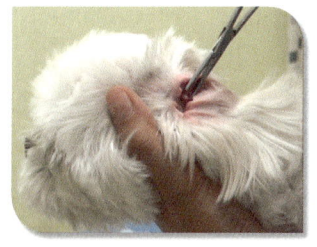

귀 관리 - 보이는 곳까지만

하지만 이마저도 거부하는 아이들이라면 손으로 조금씩 잡아서 가능한 부분까지만 뽑아주는 방법도 있습니다.

가위를 사용하더라도 눈에 보이는 곳까지만 뽑고 귓속 깊이에 있는 털은 꼭 제거하지 않아도 되기 때문에 많이 힘들어하는 강아지는 손으로만 뽑아주세요.

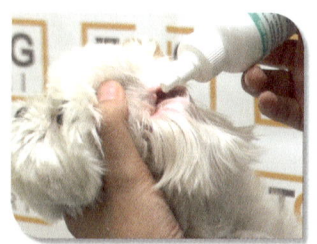

귀 관리 - 이어클리너 넣기

두 번째는 귀 닦이기입니다. 먼저 이어클리너를 적당히 귓속에 넣어주세요. 그리고 나서 귀 아랫부분을 손으로 부드럽게 마사지하듯이 조물조물 돌려주세요.

이는 이어클리너로 귀 안에 있는 세균을 녹이는 작업입니다. 대략 10회 정도 하고 난 후 겸자가위를 이용해 탈지면을 귀 안에 넣습니다.

다시 귀 아랫부분을 마사지하듯이 10회 정도 조물조물해주시고 탈지면을 빼내시면 됩니다. 이렇게 같은 방법으로 2~3회 반복해 주시면 귀 안쪽 청소는 끝나게 됩니다.

귓바퀴 부분은 겸자가위로 탈지면을 잡고 탈지면에 이어클리너를 뿌립니다. 그 후 귓바퀴를 꼼꼼히 닦아내주시면 됩니다. 이도 역시 2~3회 반복해 주세요.

귓속은 겸자가위로 솜을 잡고 문지르듯이 닦아내면 귀 벽에 세균을 그대로 다시 묻히는 모양이 됩니다. 그래서 이어클리너가 들어가 있는 상태에서 탈지면을 넣고 약과 이물질을 충분히 흡수시켜서 빼내 주는 것이죠.

귀에 액체가 들어가면 불편하지 않으냐고 묻는 분이 많이 계십니다. 대부분의 이어클리너는 알코올성이기 때문에 탈지면으로 충분히

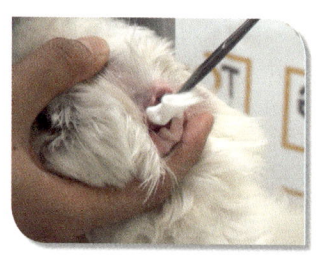

귀 관리 - 귀 안에 솜 넣기

귀 관리 - 귀 아랫부분 마사지

제거해 준 상태라면 대부분 자연적으로 남은 것들은 증발하게 됩니다. 하지만 조금 찝찝한 마음이 드시는 분들은 시원한 바람으로 드라이해주시면 됩니다.

> **귀 관리 key point**
> 1. 귀털은 조금씩 잡고 천천히, 살살 뽑기!
> 2. 눈에 보이는 곳까지만 뽑기!
> 3. 귀 안쪽은 절대 탈지면으로 문지르지 않기!

발톱 깎기

QR 코드를 찍고
동영상으로 배워요!

준비물 : 발톱깎이, 전동발톱다듬기(or 네일화일)

　견생에서 가장 큰 기쁨 중 하나는 산책이죠. 산책을 자주 하는 아이들은 그렇지 못한 아이들보다 발톱 자르는 주기가 훨씬 길어요. 하지만 여러 가지 사정상 산책을 못 하는 분들도 꽤 계신 것도 사실이고, 많이 한다고 해도 발톱 관리는 꼭 해야 하는 것 중 하나입니다.

　발톱 관리를 해줘야 하는 가장 큰 이유 중 하나는 아이들의 관절과 연관이 있어요. 발톱이 길면 발가락뼈가 점점 휘게 됩니다. 그러다 보면 뼈에 무리가 가게 되고 그것이 점점 타고 올라가서 결국 관절에도 큰 영향을 끼치면서 다리가 'O' 자 형태로 휘게 되는 것이지요. 발톱이 많이 길었을 경우 돌아다니다가 어딘가에 부딪혀서 깨지거나 스스로 씹어서 뜯어내기도 합니다. 이럴 경우에는 발톱이 상당히 날카로워지기 때문에 스스로에게도, 사람에게도 사고의 위험이 큽니다. 또한 발톱은 자라면서 일자로 반듯하게 자라는 것이 아니라 갈고리 모양처럼 동그랗게 말리면서 자라게 됩니다. 그렇게 되면 결국에는 스스로 살을 파고 들어가는 일이 발생하게 되죠.

  실제로 제가 일하는 샵에 방문했던 아이들 중에 그런 케이스의 아이들을 자주 접했어요. 대표적인 예가 똘이라는 믹스견이었는데 그 댁에는 똘이 말고도 4마리의 아이가 더 있었습니다. 온종일 아이들 뒤치다꺼리를 하고 나면 발톱은커녕 빗질할 시간도 없다고 하시던 보호자에게 뭐라 더 말씀은 못 드렸지만 몇 달에 한 번씩 방문하는 그 댁 아이들 중 유독 똘이는 관절 변형도 심했고 늘 며느리발톱이 살을 파고 들어가서 자르는 것도 힘들고 박힌 발톱을 빼내는 것도 참 많이 힘든 일이었습니다. 병원을 가보셔야 할 것 같다고 몇 번 말씀드렸지만 아이들이 많아서 일일이 병원에 갈 수 없다 하시며 그냥 미용하는 김에 빼달라고 하셔서 추후 염증으로 인한 이차적인 일들에 대해 책임을 묻지 않겠다는 확답을 받아야만 했었죠. 늘 고통스러워하던 똘이의 비명에 너무 미안했던 기억이 생생합니다.

  산책을 하지 않는다고 가정했을 경우 보통은 2주에 한 번씩 해주시는 것이 좋기는 합니다만, 아무리 길어도 한 달에 한 번은 꼭 관리를 해주셔야 합니다. 하지만 보통은 이렇게 말씀드려도 잘 잊으시더라고요. 그래서 또 한 가지 말씀드리는 것은 아이들이 걸어 다닐 때 방바닥에 발톱이 부딪혀서 '탁탁탁' 소리가 나면 자를 때가 된 것이라고 말하기도 합니다. 발톱이 자라는 만큼의 속도는 아니지만, 발톱이 자라는 것처럼 혈관도 자랍니다. 오래 방치하게 되면 혈관이 길어지게 되고 나중에 발톱을 조금만 잘라도 출혈이 발생하게 되는 경우가 있어요. 그러니 말씀드린 한 달은 피치 못할 사정이 있을 경우이기 때문에 가능하다면 주기 내에 꼭 신경을 써주셨으면 합니다.

 발톱깎이는 펜치 모양으로 되어 있는 것을 구비하시는 것을 추천해 드립니다. 간혹 미니 가위 형태로 되어 있는 것을 사용하시는 분들이 계시는데요. 그것은 아주 어린 자견용으로 적합한 것입니다. 성견이 된 아이들에게 작은 발톱깎이를 사용하게 되면 그만큼 힘이 따라주지 않기 때문에 깔끔하게 잘리지도 않을뿐더러 힘만 들고 잘 잘리지 않아 두 번, 세 번 잘라야 하는 경우가 다반사입니다. 아주 큰 대형견이 아닌 이상 성인 손에 딱 맞게 들어가는 사이즈의 발톱깎이를 사용하시면 되는데요. 보통은 중형견용을 사용하시면 된다고 말씀드리고 있습니다. 예쁘고 귀여운 것이 아닌 튼튼하고 잘 잘리는 것이 좋은 것임을 잊지 마세요.

 이제 발톱 깎는 방법에 대해 알아볼까요?

 첫 번째, 발목의 관절을 살짝 꺾어서 발을 뒤로 들어 올린 후 발톱의 혈관을 확인

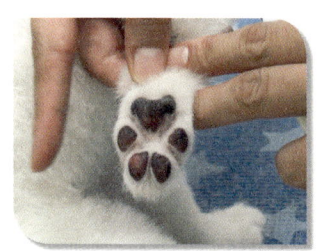
발톱 깎기 - 발 들어올리기

해주세요. 자견이거나 발톱이 하얀 강아지들의 경우에는 발톱을 자세히 보면 선홍빛의 줄 하나가 보이실 거예요. 그것이 바로 혈관인데요. 육안으로 혈관의 끝이 확인이 되는 경우라면 혈관 앞에서 조금 여유를 두고 일자로 잘라주시면 됩니다.

문제는 혈관이 보이지 않는 아이들이죠. 이때에는 앞서 말씀드린 것처럼 발을 뒤로 들어 올린 후 패드(발바닥)와 발톱이 일직선이 되게 잘라주시면 됩니다. 대부분 강아지의 혈관은 패드보다 위쪽에 위치해 있기 때문에 평소에 발톱 관리가 잘 되어 있는 아이라면 혈관을 자를 일은 거의 없다고 보시면 됩니다.

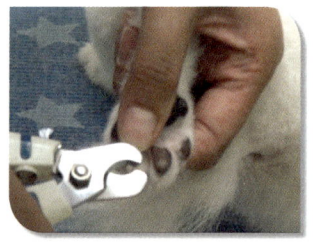

발톱 깎기 - 패드와 발톱은 일직선

혹여나 잘 모르겠다거나 불안하신 분들은 끝에서부터 조금씩 자르면서 들어가시면 되는데요. 이때 발톱을 자세히 보시면 가운데 부분에 점처럼 보이는 것이 있을 거예요. 그것이 점점 커지면서 진해질 텐데요. 완전히 진해져 까만 점처럼 보이거나 투명함이 선명하게 보인다면 그만두시는 것이 맞습니다. 더 들어가게 되면 출혈이 생길 수 있어요. 인위적으로 발톱을 짧게 한 번 자른 경험이 있다듬가 잦은 산책으로 발톱이 많이 닳아 있는 강아지가 아니라면 패드와 일직선일 때 그만두시는 것이 불필요한 출혈을 방지할 수 있다는 점 꼭 명심하시길 바랍니다.

두 번째, 발톱을 다 자른 후 그냥 두게 되면 거칠어진 단면으로 인해 강아지 스스로 몸에 상처를 낼 수 있고 보호자에게도 뜻하지 않는 상처가 남을 수 있게 됩니다. 우리가 아픈 것은 그래도 참을 수 있다손 치지만 강아지 몸에 상처가 크게 나게 되면… 여러 가지 이유로 안 될 일이겠죠? 심한 경우 살이 찢어지는 것도 봤던 터라 꼭 발톱을 갈아줘야 한다고 주장하는 바입니다.

발톱 깎기 - 거친 발톱 단면 갈기

네일 파일은 평소 손톱 관리를 직접 하시는 분들이라면 익숙하실 거예요. 강아지 발톱이라고 해서 다른 것은 없어요. 방법도 똑같습니다. 발톱 단면을 꼼꼼하고 세심하게 갈아주시고 그 주위도 부드럽게 만들어주시면 됩니다. 갈아주고 손으로 만져보고 거친 부분은 한 번 더 다듬어주시면 끝이 나죠.

네일 파일보다 조금 더 편하게 할 수 있는 방법은 '전동발톱다듬기'를 사용하는 것인데요. 이것은 말 그대로 발톱을 다듬는 기계예요. 기계 안에 연마석이 있고 그 연마석에 발톱을 잘 돌려가며 갈아주면 힘들이지 않고 쉽게 다듬을 수 있다는 장점이 있지만 처음 구비하실 때 조금 부담이 있을 수는 있고 아무래도 기계이다 보니 아이들이 거부하는 경우도 종종 있습니다. 저는 일일이 손으로 잡고 하나하나 갈아주는 것이 힘들어서 전동발톱다듬기를 사용하고 있기는 합니다만 어쨌든 두 가지 모두 장단점이 있으므로 충분히 따져보시고 각자 스타일에 맞게 사용하세요.

발톱 깎을 때 자세에 대해 한 가지 팁을 알려 드릴게요. 일단 아이를 보호자 옆구리에 위치시켜 놓습니다. 그다음에 서로 반대 방향을 보시면 됩니다. 그 상태에서 앞서 설명한 것처럼 발톱깎이를 든 손 말고 나머지 손으로 강아지 발목 관절을 살짝 꺾어 들어 올리면서 팔꿈치로는 아이 몸을 보호자 몸에 붙여 고정시키면 안정감 있는 자세가 됩니다. 보통은 아이를 눕혀놓고 하거나 안아서 하시잖아요? 물론 지금까지 해왔던 자세에 서로가 완전히 익숙하다면 굳이 자세를 바꿀 이유는 없으니 참고만 하시고 더 유용한 방법을 선택해서 하시면 될 것 같아요.

발톱 깎기 key point

1. 자르기 전 혈관 확인은 필수!
2. 발을 뒤집어 봤을 때 패드(발바닥)와 발톱은 일직선!
3. 사고 방지! 발톱은 꼭 갈아주기!

QR 코드를 찍고
동영상으로 배워요!

항문낭 관리

흔히들 말하는 '개 냄새'의 주원인 중 하나가 항문낭 냄새라는 것. 알고 계셨나요? 항문낭액이 꽉 차 있는 경우, 즉 관리가 되지 않은 아이라면 그 냄새가 아주 역할 정도로 심합니다.

항문낭은 항문 아래쪽에 위치하고 있는데요. 조그만 주머니 안에 항문낭 액이 들어 있고 관으로 항문과 연결이 되어 있습니다. 원래 항문낭은 자신의 영역을 표시하기 위한 용도로 사용을 합니다. 가끔 강아지를 데리고 산책을 하다 보면 다른 강아지의 변 위에 자신의 변을 보는 경우를 보실 수 있을 거예요. 그것이 바로 영역 표시를 하기 위함입니다.

일반적인 경우라면 자연적으로 항문낭액이 배출되어 굳이 짜줄 필요가 없기는 합니다. 하지만 자연적으로 배출을 못 하고 항문낭이 빵빵하게 꽉 찬 경우(이때는 항문낭 부위가 볼록 튀어나온 것을 육안으로 확인할 수 있습니다.) 반드시 보호자가 해결을 해주셔야 합니다.

 단순히 항문낭이 차 있기만 한 상태라면 보호자가 해결해 주면 되지만 이 상태가 오래 지속되고 방치될 경우 항문낭염으로 발전되면서 항문낭이 파열될 수 있습니다. 상처 부위를 꿰매고 염증 치료와 약물치료를 병행하여 관리를 하면 회복은 되겠지만 한 번 발생하면 재발의 위험이 높음으로 이 역시 평소에 주기적인 관리가 꼭 필요한 부분 중 하나라고 말씀드릴 수 있겠네요.

 항문낭액의 냄새는 정도의 차이는 있지만 항상 고약한 건 사실입니다. 동물병원에 내원했을 때나 산책 중 다른 강아지를 만나게 되는 상황 등 긴장을 많이 하면 자신도 모르게 항문에서 액을 분출하는 경우를 볼 수 있는데요. 이때에도 절대 반갑지 않은 냄새를 뿜어내죠. 미용을 하러 오는 아이들에게도 종종 나타나는 현상이기도 합니다. 친화력이 좋은 아이가 아니라면 낯선 곳에 혼자 남겨진다는 것 자체만으로도 충분히 긴장되는 것이 당연한 것이겠죠.

 방법을 몰라서 관리를 못 해주시는 분들도 계시지만 고약한 냄새 때문에 직접 하실 용기가 나지 않는다는 분들도 꽤 계시더라고요. 저희 샵에 방문하시는 분 중 상당수의 분도 그러셨습니다. 그런 분들의 강아지들을 보면 대게 바닥에 엉덩이를 끌기도 하고 비비고 다니는 아이들이 많은 것을 볼 수 있죠. 그리고 확인을 해보면 90% 이상 항문낭이 딱딱하게 만져집니다. 살짝 손만 대도 항문낭액이 쭉

하고 나올 정도로요. 그 또한 강아지에게는 고통이기 때문에 보호자가 조금만 노력해 준다면 행복한 우리 집 막둥이가 될 수 있을 거예요.

 항문낭 짜는 방법은 아주 간단합니다. 설명을 잘 보시고 천천히 따라 해 보시길 바랄게요. 먼저 항문낭 위치를 알아야겠죠. 항문에서 바로 아래쪽으로 내려가면 항문낭이 위치해 있습니다. 손가락을 이용해서 정확한 위치를 잡아줄 거예요.

항문낭 관리 - 꼬리 치켜세우기

 엄지는 8시 방향, 검지는 4시 방향으로 해서 가져다 놓으시게 되면 약간은 말랑거리면서도 단단하게 잡히는 부분이 있을 거예요. 이 부분을 위로 살포시 들어 올리는 느낌으로 짜주면 됩니다. 그렇게 되면 항문낭 안에 있는 액이 나오게 됩니다. 간단하죠?

항문낭 관리 - 8시와 4시 방향 잡기

 저는 냄새에 조금 민감한 편이라 평소에는 짜주지 않고 목욕할 때 샴푸가 끝난 후 헹구기 직전에 짜주는 편입니다. 그러고 난 후 바로 물로 씻겨 내려주면 샴푸 향에 가려서 항문낭액 냄새가 심하게 나지 않아요. 물론 이것은 관리가 어느 정도 되어 있는 아이의 경우입니다. 관리가 되지 않은 아이의 항문낭액 냄새는 어떤 것으로도 잘 가려지지 않아요. 그래서 평소에 관리가 중요하다고 계속 말씀드리고 있는 것입니다.

 평상시에 일반적인 상황에서 항문낭을 짤 경우에는 가능한 한 휴지로 항문을 감싼 후에 진행하시길 바랍니다. 항문낭액이 나오는 방법은 강아지마다 달라서 '이것이 정답이다'라고 말씀드릴 수는 없지만 대부분 물총처럼 쭉 나오게 됩니다. 이 액이 어딘가에 한 번 묻게 되면 냄새가 잘 빠지질 않아서 한동안 꽤 고생하실 거예요. 그러니 그런 불상사를 미연에 방지하는 차원에서 꼭 휴지를 덧대고 짜시길 바랍니다.

 다만 휴지를 여러 겹 많이 덧대고 하면 짜는 힘이 더 들어가서 아이가 아파할 수 있고 반면에 힘이 덜 들어가서 안 나오는 경우도 있습니다. 그러니 휴지의 양 조절도 잘하셔야 해요.

 항문낭액은 말씀드렸듯이 나오는 형태도, 색도 다양합니다. 어떤 경우는 물총 쏘는 것처럼 나오기도 하고 어떤 경우는 짤주머니에서 나오는 크림처럼 나올 때도 있습니다. 색은 갈색과 흑색의 사이의 여러 가지 색들이 있습니다. 이 부분에서 다른 아이들과 다르다고 크게 걱정하실 필요는 없습니다.

 많은 힘을 주지 않아도 정확한 위치를 알고 정확한 동작을 취한다면 어렵지 않게 할 수 있고 2~3주에 한 번씩만 짜주면 되기 때문에 냄새만 잠시 참으신다면 크게 어려운 부분은 없을 거예요. 잊지 않

고 꾸준히 주기적으로 관리해 주시면 불필요한 병원 방문을 방지함과 더불어 예기치 않은 지출도 막을 수 있습니다.

  마지막으로 한 가지 더 말씀드릴 것이 있는데요. 항문낭을 짜기 전에 혹시라도 항문 근처에 털이 수북하거나 많이 길다면 조금 다듬으신 후 짜시는 게 좋아요. 털에 묻게 되면 바로 씻기는 것 외에는 냄새를 깨끗하게 제거할 방법이 없거든요. 이 점도 꼭 기억해 두세요.

 항문낭 관리 key point

1. 항문낭 위치 바로 알기. (엄지 8시 방향, 검지 4시 방향)
2. 목욕 시에는 바로 물로 씻어내고 평상시에는 꼭 휴지로 감싸고!
3. 항문 주위의 털 정리!

QR 코드를 찍고
동영상으로 배워요!

이 닦이기

준비물 : 강아지용 칫솔, 강아지용 치약

일명 '개 냄새'의 3대장 중 하나인 강아지 입 냄새는 관리 안 된 이빨 때문입니다. 예쁘다고, 귀엽다고, 미안하다고, 또는 교육의 보상으로 각종 먹을거리를 챙겨주는 반면 이 닦이는 것은 크게 중요하지 않다고 생각하는 분들이 꽤 많아요. 꾸준한 이 닦이기만으로도 입 냄새는 물론 질병 예방까지 충분히 할 수 있다는 것. 알고 계셨나요? 강아지 이 닦이기는 최소한 하루에 한 번씩 꼭 해주셔야 하는데요. 왜 그런지 이유를 먼저 알아볼까요?

사람은 이를 닦지 않으면 이에 치석이 끼고 썩죠. 하지만 강아지들은 치석이 끼다가 바로 치주염으로 발전을 하게 됩니다. 단순히 치석만 껴서는 냄새가 나지 않지만 잇몸이 상하게 되면서 냄새가 나기 시작하는 것입니다.

이미 입에서 냄새가 나기 시작한다면 치주염을 의심해 봐야 합니다. 치주염도 단계가 있지만 계속 방치해 둔다면 결국 제대로 씹지 못하게 되고 소화불량이 찾아오며 결론은 역시 병원행이 되겠죠. 심한 경우 발치를 하게 되는 상황이 오기도 합니다. 그렇기 때문에 치주염의 원인인 치석 제거를 원활히 하려면 올바르고 지속적인 양치질이 그 해답입니다.

'스케일링을 하면 되지 않냐'라고 하시는 분들도 많으십니다. 스케일링은 마취를 해서 진행합니다. 그렇기 때문에 자주 할 수 없고 한다고 해도 1년에 한 번 정도인데 마취는 연약한 아이들의 몸에 상당히 많은 무리를 주게 됩니다. 이빨만 잘 닦아줘도 스케일링 횟수를 줄일 수 있는데 굳이 불필요한 지출까지 하면서 꼭 해야 할까요?

물론 무 마취 스케일링이라는 것도 있기는 있습니다. 이는 아주 특별하게 얌전하고 참을성이 좋은 아이들에게만 가능한 일이기 때문에 대부분의 수의사가 권하지도 않고 하게 된다고 해도 이빨 안쪽은 할 수 없기 때문에 반쪽짜리 스케일링에 불과합니다. 그러니 꼭 양치질은 습관처럼 해주시는 것이 맞겠죠?

사람도 아닌 강아지 이 닦이기가 쉽지만은 않은 것도 사실이죠. 강아지 입에 무엇을 넣는다는 것이 스스로 하는 행위가 아닌 이상 얌전히 있는 것은 사실상 불가능하다고 봐야 하는 것이 맞는 것 같아요. 현재 이를 잘 닦는 아이라고 해도 오래된 훈련의 결과이지 처음에는 무척 힘들었을 것이라는 점은 분명하니까요.

실제로 미용을 하다 보면 미용하는 김에 양치질도 부탁하신다는 분들이 꽤 많습니다. 매주 화요일마다 13살의 노견과 함께 샵에 오시는 어르신 한 분이 계셨는데요. 그분의 방문 목적은 오로지 하나, 이 닦이기였습니다.

평소에는 너무 순해서 있는 듯 없는 듯하는 아이가 이 닦는 것만은 결코 받아들일 수 없었는지 매번 어르신의 손가락을 물어서 피를 보셨다고 합니다. 우연히 미용 맡기러 오시면서 양치질을 부탁하셨고 저와는 유혈사태 없이 잘하는 것을 보시고서는 매일 오는 것은 미안하다 하시며 일주일에 한 번씩만 방문하셔서 양치질을 시키시고 간식 하나 사셔서 돌아가시고는 했습니다.

칫솔을 넣으면 입안에 이물감이 있기 때문에 자꾸 닫으려고 하는 것은 강아지의 본능입니다. 이를 보고 무조건 강압적으로 행동하시거나 혼을 내지는 마세요. 아이들에게는 그것이 무엇이든 항상 적응할 시간이 필요합니다. 그 방법을 알려드릴게요.

양치질은 어릴 때부터 빠르게 시작하시는 것이 좋지만 처음부터 작은 입에 큰 칫솔을 넣지는 마세요. 천천히 단계별로 나아가야 해요. 처음 시작은 소량의 치약만 손가락에 묻혀서 '양쪽 어금니 깊숙이 쓱 발라주고 빼낸다'라고 생각하고 진행하세요. 입안에 보호자의 손가락이 들어갔다 나왔다 하는 것을 적응시켜야 제대로 된 양치질이 가능합니다.

이것이 익숙해지면 손가락 칫솔을 이용해서 전체적으로 한 번씩 부드럽게 쓸어주는 것을 연습해 보세요. 이 단계도 특별한 거부감 없이 잘 해낸다면 그 다음에는 강아지 입 크기에 맞는 칫솔을 구매하시면 됩니다.

처음으로 딱딱하고 억센 솔이 입안에 들어가서 많이 낯설어 할 수도 있습니다. 강아지용 칫솔이라 할지라도 칫솔모가 마냥 부드럽지는 않기 때문에 힘을 너무 주게 되면 잇몸에 피가 날 수 있으니 주의해 주시고, 첫 시도는 '짧게 한 번 쓱쓱 훑어준다'라는 생각으로 단시간에 끝내고 조금씩 시간을 늘리면 도움이 되실 거예요.

그럼 칫솔을 사용한 이 닦는 방법에 대해서 조금 더 자세히 알아볼까요?

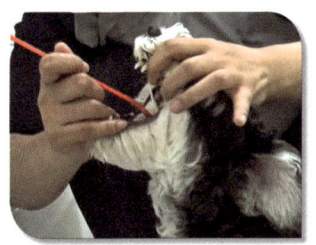

이 닦이기 - 안쪽 닦아주기

첫 번째, 입을 벌려서 어금니 안쪽과 바깥쪽을 꼼꼼하게 닦아주고 그 외 이빨들의 안쪽도 닦아줍니다. 한쪽 손으로는 입을 닫지 못하도록 잘 지탱해 주시는 것이 중요한데요. 이때 입을 너무 크게 벌리거나 칫솔이 혓바닥에 닿게 되면 심하게 요동을 칠 수 있어요. 그러다가 목젖을 건드리게 되는 경우도 가끔 있으니 조심해서 진행하시기 바랍니다.

두 번째, 입을 완전히 닫은 상태에서 옆쪽 입술을 살짝 들어서 칫솔을 넣고 바깥쪽 이빨을 전체적으로 닦아주세요. 빼놓지 않고 앞니도 꼼꼼하게 확인하며 닦아주면 됩니다. 이때에는 입을 벌려서 칫솔을 씹는 흉내를 낼 수도 있습니다. 불편과 불만의 표시이기 때문에 그대로 하게 두면 안 됩니다. 재빨리 칫솔을 빼내고 다시 입을 닫은 후 똑같이 진행해 주세요.

이 닦이기 - 바깥쪽 닦아주기

세 번째, 마지막 단계는 굳이 하지 않으셔도 되지만 혹시 치약이 남아 있는 것이 싫다면 손에 물을 묻히고 입속에 남아 있는 치약을 걷어 낸다는 느낌으로 빠르게 몇 번 쓱쓱 문지르듯이 닦아 내주세요. 아주 얌전히 잘 있는 아이라면 뽀득뽀득 소리가 날 때까지 문질러주셔도 괜찮습니다.

이 닦이기 - 잔여물 걷어내기

이 닦이는 것도 습관이 되고 적응이 될 때까지는 훈련이라면 훈련이기 때문에 끝나면 보상을 주어야 하지만 그 보상이 이 닦이기에 있어서만큼은 간식이 아니길 바랍니다. 평소에 강아지가 즐기는 놀이나 칭찬으로 대신해 주시는 것이 좋아요. 무한한 칭찬은 까칠한 아이도 순둥이로 바꿀 수 있다는 사실! 다들 알고 계시죠? 양치질 내내 조그마한 포인트도 놓치지 말고 빈틈없고 빠르게 칭찬하여 조금이라도 빠르고 쉽게 적응할 수 있길 바라봅니다.

이 닦이기 key point

1. 보호자의 손가락이 입에 들어가는 것을 적응시키는 것이 최우선!
2. 무조건적인 칫솔질보다는 단계별로 적응시키기!
3. 보상은 간식보다 칭찬과 놀이로!

QR 코드를 찍고
동영상으로 배워요!

목욕하기

준비물 : 샴푸, 린스, 눈곱 빗

　견종에 따라 물과 친한 아이들도 있고 그렇지 못한 아이들도 있죠. 물과 친한 대표적인 예가 레트리버인데요. '물트리버'라는 별명을 가질 정도로 물을 좋아하는 견종이에요.

　하지만 대부분의 가정견은 그렇지 않죠. 목욕이라는 단어만 들어도 어딘가에 숨어 엉덩이만 보이는 아이들을 보면 미안하기도 하지만 안 씻길 수도 없는 노릇이니 여간 힘든 일이 아닐 수 없습니다. 그러니 더욱더 꼼꼼하게 잘 씻겨줘야겠죠?

　본격적인 목욕 방법에 대해 알아보기 전에 샴푸와 린스에 대해 조금 살펴보고 갈게요. 물로만 씻기시는 분들은 없으시죠? 샴푸는 목욕 시에 꼭 필요한 것이라는 것은 다 알고 계실 텐데요. 샴푸의 선택 방법에도 여러 가지가 있습니다. 간략하게 소개해 드릴게요.

시중에 나와 있는 강아지 샴푸는 기능성부터 시작해서 천연제품까지 세기 어려울 만큼 다양하고 많죠. 방대한 만큼 선택 장애를 불러오게 됩니다. 꼭 알아두어야 할 것이 있어요. 그것은 바로 '**강아지 전용인가!**', '**화학성분이 얼마나 들어가 있나!**'.

강아지는 사람에 비해 피부가 많이 연약합니다. 조그마한 자극에도 쉽게 피부가 안 좋아질 수 있기 때문에 꼭 강아지 전용인지 아닌지를 먼저 확인하셔야 해요. 강아지 전용이라고 해도 단순히 향기만 좋은 제품들은 그만큼 화학성분들이 많이 들어 있기 마련입니다.

피부병이 있는 상태라면 약용 샴푸나 피부 진정효과 샴푸를, 피모가 상한 상태라면 피모 전용 샴푸 등 우리 집 강아지의 피부 상태와 피모 상태를 먼저 확인한 후 그에 맞는 제품을 고르시는 것이 좋습니다. 정확한 상태를 파악하기 힘드시다면 동물병원에서 수의사 선생님과 상담을 나눈 후에 결정하셔도 늦지 않습니다.

린스에 대해서도 알고 가야겠죠. 흔히들 샴푸는 꼭 해주시지만 샴푸+린스 겸용을 사용하신다거나 린스는 생략하시는 경우가 많더라고요. 린스를 쓰신다고 하더라도 정전기 방지용으로만 생각하시는 분이 많아요. 물론 정전기 방지 효과가 있는 것은 사실입니다만 더 큰 장점이 있습니다. 강아지는 사람 피부보다 약하다고 말씀을 드렸었죠. 가장 큰 이유 중 하나가 바로 산성도 차이입니다.

강아지는 약알칼리성 피부를 갖고 있기 때문에 세균이나 곰팡이의 번식이 쉽죠. 이를 커버해줄 수 있는 것이 바로 린스인데요. 린스는 약산성을 띠고 있기 때문에 사용하게 되면 강아지 피부를 중화시켜주는 효과를 가져오게 됩니다. 린스를 사용함으로 인해 얻을 수 있는 가장 크고 좋은 효과인 셈이죠. 그러니 지금까지 린스는 잊으셨던 분들! 지금부터라도 꼭 챙겨서 해주세요!

이번에는 목욕방법에 대해서 살펴볼게요.

첫 번째, 목욕에 익숙한 아이들이라면 기존의 방법대로 하셔도 무방합니다. 하지만 그렇지 않은 아이들은 물이 얼굴부터 닿는 것에 상당한 거부감을 가지고 있어요. 그렇기 때문에 항상 물은 엉덩이 쪽에서 시작해서 얼굴을 마지막으로 적셔 주셔야 합니다.

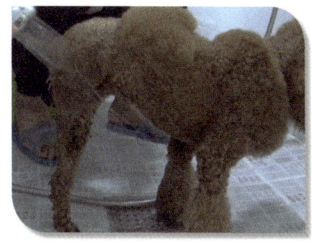

목욕하기 - 물은 엉덩이부터

이때 물의 온도도 중요한데요. 강아지의 체온은 사람보다 2~3도 높은 38.5도 정도가 평균이에요. 우리가 느끼기에 따뜻함은 강아지에게 뜨거움이 되는 것이죠. 그래서 물의 온도는 사람이 미지근하다고 느끼는 정도가 적당합니다. 눈곱 등 이물질로 인해 눈앞에 털이 많이 뭉쳐 있을 경우 물로 충분히 불려준 후 눈곱 빗을 이용해서 빗어 내시면 쉽게 제거가 된다는 것도 기억해주세요.

두 번째, 몸을 충분히 적셨으면 샴푸를 해야겠죠. 샴푸의 양이 부족하면 거품을 내기 위해 아이 몸을 손톱으로 박박 긁는 사태가 발생할 수 있습니다. 절대 해서는 안 되는 행동이에요. 반복해서 말씀드리지만 강아지 피부는 상당히 연약하기 때문에 조그마한 자극에도 피부가 쉽게 상합니다. 샴푸의 양을 충분하게 하신 다음에 반드시 손가락 바닥 부분을 이용해 마사지하듯이 부드럽게 문질러 주세요.

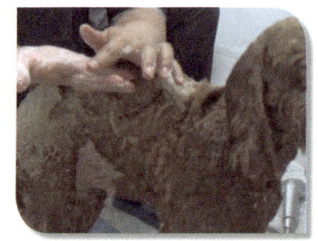
목욕하기 - 마사지하듯 부드럽게

샴푸 원액을 사용하게 되면 필요 이상으로 많은 양을 쓰게 될 수 있습니다. 샴푸 통에 적혀있는 사용 방법을 보게 되면 몇 %의 비율로 희석해서 쓰면 된다고 나와 있기는 할 텐데요. 혹시라도 그런 설명이 없다면 이때는 따로 통을 준비하셔서 샴푸 50%, 물 50%를 섞어 사용하시면 적은 양으로도 충분히 거품이 나는 것을 보실 수 있게 됩니다.

발에 습진이 있는 아이들은 평소에 '발사

탕'을 많이 먹죠. 이런 아이들의 발톱을 보면 발톱 안쪽으로 때가 낀 것을 볼 수 있습니다. 발의 구수한 냄새의 원인이기도 하죠. 손톱을 이용해 이것도 꼼꼼히 제거해 주세요.

세 번째, 얼굴 부위의 샴핑이 제일 힘들죠. 눈, 코, 입, 귀에 거품이 들어가지 않게 하는 것이 가장 중요한데요. 얼굴에 바로 샴푸를 묻혀서 문지르기보다는 몸에 있는 거품을 가져와서 얼굴에 묻혀가며 샴핑해주시는 것이 좋습니다. 그러면 얼굴에서 바로 거품을 내서 하는 것보다 안전하고 더 꼼꼼하게 샴핑을 해줄 수 있어요.

목욕하기 - 얼굴은 거품을 묻혀서

네 번째, 모든 샴핑이 끝나면 헹굼이 기다리고 있는데요. 이때에는 얼굴에 거품이 묻어 있는 상태이고 혹시라도 아이들이 핥아 먹을 수 있기 때문에 얼굴 부위를 먼저 빠르게 헹궈주시는 것이 좋습니다.

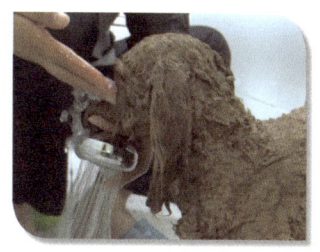
목욕하기 - 헹굼은 얼굴부터

얼굴 부위를 헹굴 때는 손으로 눈썹 위에 지붕을 만들어서 눈, 코, 입에 물이 들어가지 않게 보호해 주시는 것이 안전한 방법입니다. 이렇게 하지 않고 바로 얼굴에 물을 뿌려버리면 눈, 코. 입에 거품과 물이 들어가서 숨 쉬는 것을 많이 힘들어합니다. 실제로 눈에 거품과 물이 들어가서 결막염에 걸리는 아이들도 꽤 많아요. 순간의 잘못된 판단으로 호흡곤란이 오는 아이들도 있습니다. 꼭 눈, 코, 입을 보호해줘야 하는 이유죠.

머즐(주둥이) 부분은 강아지의 얼굴을 들어 올려서 최대한 조심해서 헹궈주시고 귀는 얼굴 양쪽에 최대한 붙인 상태에서 물을 위에서 아래로 흘려보내며 헹궈주셔야 합니다. 귀를 뒤집을 경우에는 손으로 귓구멍을 최대한 막아서 물이 들어가지 않게 조심해주세요.

다섯 번째, 린스는 특성상 모든 부위에 골고루 바르기 힘들기 때문에 샴푸처럼 몸에 바로 뿌리지 마시고 세숫대야에 물을 받고 거기에 풀어서 사용하시는 것이 좋습니다.

목욕하기 - 린스는 물에 풀어서

대야에 풀어놓은 린스를 손으로 떠서 강아지의 몸 구석구석에 펴 바르듯이 뿌리면서 샴핑 할 때와 마찬가지로 부드럽게 마사지해 줍니다. 풀코트를 하는 경우가 아니라면 꼭 얼굴까지 린스를 할 필요는 없으니 얼굴 부분을 제외한 목부터 몸 전체만 진행하시는 것을 추천해 드립니다.

여섯 번째, 샴핑 후 헹굼과 마찬가지의 방법으로 진행을 해주시면 되는데 이때는 마지막 헹굼이기 때문에 조금 더 꼼꼼하게 거품이 없도록 헹궈주시기 바랍니다.

목욕하기에서의 팁은 목욕 전에 반드시 강아지의 털 풀기가 완료되어 있는 상태여야 한다는 것입니다. 털이 뭉쳐있는 상태로 목욕을 하게 되면 그 안에 이물질들과 죽은 털들이 제거되지 않고 그대로 다시 몸에 붙어 있기 때문에 올바른 목욕의 효과를 볼 수 없어요.

목욕 주기는 2주~3주가 적당합니다. 강아지 스스로 만들어내는 피지들이 피부를 보호하고 피모를 튼튼하게 하기 때문인데요. 이를 잦은 목욕으로 없애버리면 너무 건조해 각질이 생기거나 피부가 약해져서 피부병이 생길 수 있습니다. 냄새가 나거나 피치 못할 사정이 생기는 경우가 아니라면 잦은 목욕은 삼가 주세요.

목욕하기 key point

1. 강아지 피부, 피모 상태에 맞는 샴푸 선택!
2. 목욕 전 털 풀기 필수!
3. 린스는 꼭 물에 풀어서 사용하기!

QR 코드를 찍고
동영상으로 배워요!

준비물 : 드라이기, 슬리커 브러시, 콤 브러시

　목욕보다 더 중요한 것이 드라이입니다. 흔히들 간과하고 넘어가는 부분 중 하나죠. 대게 적당히 마른 것 같으면 자연 건조라 말하며 드라이를 멈추시는 분들이 많아요. 이해는 됩니다. 강아지 털 말리기는 정말 힘든 작업이니까요.

　하지만 이런 행동은 강아지 피부에 상당히 안 좋은 영향을 미칩니다. 물기로 인한 습기 때문에 피부병이 생기기 마련이에요. 피부병이 생기면 가려워서 긁고 핥게 되는데 이로 인해 상처가 나거나 비듬처럼 각질이 생기는 경우가 다반사입니다. 목욕의 끝은 완벽한 드라이임을 명심하시고 꼭 뿌리 끝까지 물기가 없도록 꼼꼼히 말려 주세요.

　드라이 방법에 대해 설명하기 전에 알려드릴 것이 있는데요. '세킹'

이라는 드라이 용법입니다. 세킹은 푸들이나 비숑프리제처럼 선천적으로 꼬불거리는 털을 가지고 있는 아이들의 털을 직모가 되게끔 드라이하는 것을 말합니다. 이는 주로 가위 컷 미용을 하기 전에 미용사들이 쓰는 방법이에요.

세킹 드라이를 할 때는 수건으로 몸을 감싸서 수분 증발을 최소화하고 드라이를 진행하는 부분의 털만 노출시킵니다. 그렇기 때문에 세킹 드라이를 할 때는 물기를 많이 제거하지 않아요. 그리고 그곳을 슬리커 브러시를 이용해 빠르게 빗으며 말려 나갑니다. 보통은 부위별로 드라이를 진행하게 되는데요. 엉덩이 부분, 뒷다리 부분, 등 부분 등의 순서로 이 역시 뒤에서 앞으로 진행하게 됩니다.

드라이 - 수건으로 감싸기

일반적으로 반려견 미용샵에서는 대형 드라이기를 쓰기 때문에 강한 바람으로 단시간 내에 말리는 것이 가능하여 한 번에 드라이가 끝나지만 가정에서 일반 드라이기를 사용해서 세킹 드라이를 하시려면 수건으로 잘 감싼다고 하여도 시간이 꽤 걸리게 되어 마르는 부분이 있을 것이기 때문에 분무기를 이용해서 수분을 입히고 드라이를 하시면 샵에서 드라이한 것 같은 털을 보실 수 있습니다.

세킹 드라이의 또 다른 장점은 털을 무자비하게 뿜어대는 아이들에게 유용하게 작용하기도 합니다. 포메라니안의 경우 드라이를 하게 되면 평상시보다 털이 더 많이 날리는 것을 볼 수 있죠. 이때 세킹을 하게 되면 다른 부위의 털들이 마르면서 빠져나오는 것을 일차적으로 막을 수 있습니다. 세킹을 한 것과 안 한 것의 차이가 확연히 보이실 거예요.

드라이 바람의 세기는 크게 중요한 부분은 아니지만 온도는 꼭 체크하셔야 할 부분입니다. 빠르게 말리기 위해서 아주 뜨거운 바람을 사용하시는 분들이 많으실 텐데요. 앞서 목욕에서 말씀드렸듯이 강아지 체온은 사람보다 높기 때문에 뜨거운 바람으로 하게 되면 체온이 올라가게 되고 호흡에 문제가 생길 수도 있습니다. 뜨거운 바람이 아닌 따뜻한 바람이어야 합니다. 온도 조절이 불가피한 드라이기의 경우라면 강아지의 몸에서 반드시 30cm 정도 떨어진 곳에서 바람을 쐬어 주셔야 합니다. 드라이에 익숙하지 않은 아이들은 바람을 먹겠다고 입을 들이대기도 하고 몸을 돌돌 말아서 원활한 드라이를 하지 못하게 방해하기도 합니다. 브러시를 물기도 하죠. 드라이 역시 안전사고에 유의하셔야 합니다.

그럼 올바른 드라이 방법에 대해 알아볼까요?

첫 번째, 목욕이 끝나면 손으로 아이의 몸의 물기를 일차적으로 제거해 줍니다. 힘을 세게 주어서 짜는 것이 아니라 물기를 가볍게 쓸어내려 주신다고 생각하시면 됩니다. 그 후에 수건으로 몸 구석구석의 물기를 닦아 내주시면 되는데요. 이를 전문용어로는 타월링이라고 한다는 것만 살짝 알아두세요.

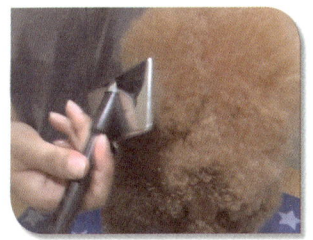

드라이 - 엉덩이부터 빗으면서

두 번째, 위에 설명해 드린 세킹 드라이 방법이 필요하지 않으신 분들은 평상시에 하던 대로 드라이를 하시면 되는데요. 이때 역시 슬리커 브러시를 이용해서 빗으면서 드라이를 하셔야 합니다. 보통은 다 말리고 난 후에 빗질을 한다고 알고 계시는데요. 이는 잘못된 방법으로, 빗으면서 말려줘야 미처 빠져나오지 못한 털들을 제거할 수 있으며 피모에도 좋습니다. 또한 털의 결을 잡아줄 수 있을 뿐만 아니라 털을 조금 더 빨리 말리는 방법이기도 합니다. 늘 그렇듯이 강아지 몸 뒤쪽에서부터 앞쪽으로 진행합니다.

드라이 - 얼굴은 콤브러시로

세 번째, 얼굴은 털 풀기 할 때와 마찬가지로 콤 브러시를 이용해서 말려줍니다. 이때 얼굴 부위는 따뜻한 바람이 아닌 시원한 바람으로 말려주셔야 해요. 너무 뜨겁거나 따뜻한 바람은 아이들의 호흡을 방해합니다. 역시 눈, 코, 입 근처는 항상 조심해서 부드럽게 브러싱해 주시는 것도 잊지 마시고요.

네 번째, 귓속에도 충분히 바람을 넣어 말려줍니다. 목욕 시에 아무리 조심한다고 해도 털을 타고 물기가 흘러 들어가기 때문에 그대로 방치하면 습해지고 귓병의 원인이 될 수 있습니다. 이곳 역시 시원한 바람으로 드라이하는 것이 바람직합니다. 마지막으로 발바닥과 발가락 사이사이도 습해지지 않게 꼼꼼히 말려주시면 드라이는 끝이 납니다.

드라이할 때는 꼭 브러싱을 하면서 말려주시는 것이 좋지만 가정에서 그렇게 하려면 대형 드라이기가 있어야 하거나 거치대를 이용하거나 2인 1조로 말려야 하겠죠. 혼자 하시는 경우가 대부분일 테니까 작은 팁을 드리자면, 목욕 시 린스를 하고 난 후에 콤 브러시를 이용해서 꼼꼼하게 빗어내고 난 후 헹굼을 하시고 모든 드라이가 끝난 후에도 슬리커 브러시를 이용하여 전체적으로 브러싱을 해주시면 좋습니다. 다만 이렇게 하실 경우 예쁜 모양의 드라이를 하시기는 힘드시다는 점은 기억해주세요.

드라이 key point

1. 세킹 드라이를 할 거라면 물기 제거는 가볍게!
2. 드라이와 브러싱은 동시에!
3. 얼굴 부위는 꼭 시원한 바람으로!

반려견 중급 셀프 미용

강아지의 건강과 직결된 위생 미용부터
조금은 까다롭고 힘들지만
꼭 필요한 클리핑과 가위 사용법까지.
사용 방법을 눈여겨 봐주시고
익숙해질 때까지 무한 연습!

QR 코드를 찍고
동영상으로 배워요!

준비물 : 미니클리퍼

   항문 클리핑은 반려견 미용샵에 가서 위생 미용을 하는 경우에 꼭 포함되는 클리핑 중 하나죠. 청결 유지를 위한 것 중 필수 클리핑이라고 할 수 있습니다. 셀프 미용에도 핵심이 되는 내용이에요.

   아마도 셀프 미용을 하시는 분 대부분이 미니 클리퍼를 구매하여 처음 사용하는 곳이 발과 항문이 아닐까 하는데요. 아무리 깨끗하게 대변을 보게 되어도 항문 주위에 조금씩 남아 말라 붙어있는 경우를 자주 볼 수 있으실 거예요. 털이 긴 상태에서 속이 좋지 않은 아이들 같은 경우에 설사라도 하게 된다면 항문 주위의 털은 여지없이 더러워지게 되죠.

   그런 것들이 계속 털에 묻어 있는 상태라면 우리는 각종 세균과 함께 하게 되겠죠. 그래서 위생 미용은 꼭 필요한 것이라고 말씀드릴 수 있습니다.

모든 클리퍼는 크기와 상관없이 사용 시에 꼭 주의해야 할 점이 있습니다. 클리퍼는 항상 클리퍼의 날과 강아지의 살이 평행이 되도록 하고 힘을 과하게 주어 눌러서 사용하지 않도록 해야 합니다. 클리퍼를 들고 있는 손에 힘이 들어갈 경우 강아지의 살을 누르게 되면서 뜻하지 않은 상처가 생기게 됩니다. 그런 이유로 클리핑이 끝나는 지점에서는 클리퍼를 살짝 띄우듯이 올려주면서 끝내야만 한다는 것도 꼭 기억해 주세요. 강아지의 살은 사람과 달리 아주 연하기 때문에 조금만 방심해도 여러 곳에 생채기가 나고 심한 경우에는 살이 찢어지기도 하죠.

일반적으로 샵에서는 발이나 생식기 클리핑 시에는 보통 1~1.5mm의 길이로 클리핑을 하는데요. 가정에서 사용하는 미니 클리퍼 날의 길이는 이보다 짧은 0.5mm가 보편적이라고 할 수 있고 경우에 따라 더 짧은 것들도 있습니다. 날이 짧을수록 살과 맞닿게 되면 사고의 위험이 크기 때문에 각별히 더 신경을 써주셔야 하고 미니 클리퍼 외에 다른 클리퍼라고 하더라도 mm 수가 짧은 날을 사용할 때는 항상 조심하셔야 합니다.

클리퍼를 사용하다 보면 잡는 방법이 여러 가지가 생기게 되지만, 기본적인 방법은 연필을 쥐듯이 자연스럽게 잡는 것입니다. 이렇게 잡게 되면 손에 힘이 덜 들어가게 되고 보다 자연스러운 무빙이 가능해집니다. 클리핑 부위에 따라, 사용자의 위치에 따라 조금씩 변형이 가능하지만 베이스가 중요하다는 것을 인지하시고 의도적으로라도 알려드린 방법대로 클리퍼를 잡는 연습을 해보세요. 익숙해지면 클리핑이 한결 수월해지실 거예요.

본격적으로 항문 클리핑 방법에 대해 알아볼게요.

첫 번째, 꼬리를 위로 바짝 치켜올려주세요. 클리핑의 기본은 살을 평평하게 당겨주는 것인데요. 항문 주위는 주름이 많지만 달리 살을 평평하게 만들 수 있는 방법이 없기 때문에 꼬리를 들어 올려서 최대한 살을 펴주는 것입니다.

항문 클리핑 - 꼬리 세워 올리기

두 번째, 항문을 중심으로 두고 마름모꼴의 모양을 생각한 다음 항문 안쪽에서 바깥쪽으로 클리핑을 시작합니다. 이 모양이 어렵다고 생각되시는 분들은 직사각형 모양으로 클리핑 하셔도 좋습니다. 클리핑의 범위는 항문 크기만큼이라고 보시면 되는데요. 넉넉하게 사방으로 약 1cm 정도로 밀어주시면 됩니다. 보통 항문의 주름 바깥 부분까지입니다.

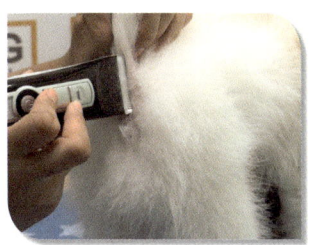

항문 클리핑 - 사방으로 약 1cm

항문 클리핑 - 항문 크기만큼 밀기

　세 번째, 항문의 세로 크기만큼 꼬리 쪽으로 올라가 보세요. 그리고 그 크기만큼 꼬리 안쪽 부분도 함께 밀어줍니다. 이때 미용이 짧게 되어 있고 단미 역시 짧게 되어 있는 강아지라면 항문 크기와 상관없이 꼬리 전체를 모두 밀어주세요. 단미가 짧게 되어 있지만 털이 긴 경우에는 꼬리 안쪽만 클리핑 하고 항문 클리핑을 끝내시면 됩니다.

　네 번째, 꼬리가 긴 경우 꼬리 안쪽 부분을 클리핑 한 것과 같이 꼬리 바깥쪽도 동일한 크기로 클리핑 해줍니다. 꼬리의 시작 부분은 꼬리를 들어 올렸을 때 엉덩이 끝쪽으로 맞닿는 부위입니다. 그 시작점을 기준으로 안쪽 부위의 끝과 자연스럽게 연결해주고 동그랗게 돌려서 해당 부위는 모두 클리핑 하여 깔끔하게 해주시면 끝이 납니다.

　항문 부위의 살은 사람으로 치면 입술과 비슷합니다. 클리퍼가 조금만 잘못 들어가게 돼도 쉽게 까지거나 찢어지는 부분이죠. 실제로 처음 항문 클리핑을 하시는 분들이 많이 당황하시며 하시는 말씀 중 하나가 '살짝 닿기만 했는데도 불구하고 피가 뽕뽕 나와요'입니다. 꼬리를 들고 항문 근처에 클리퍼가 닿으면 아이들은 본능적으로 항문 근육을 조였다 풀었다 하면서 쉴 새 없이 움직이는 것을 볼 수 있는데요. 알려드린 대로 클리퍼를 누르지 말고 띄우듯이 클리핑을 해야만 사고를 예방할 수 있습니다.

또한 생식기 부위에 손을 대면 유독 예민하게 구는 아이들이 있죠. 그런 아이들은 대부분 주저앉거나 심하면 소리를 지르기도 해요. 이때는 다른 분께 도움을 청해서 손으로 엉덩이 아래쪽을 받쳐주어 강아지가 움직이지 않도록 확실히 고정을 하고 난 다음에 클리핑을 하시기 바랍니다. 다시 한번 강조하지만 클리퍼를 사용할 때는 항상 조심하여 불필요한 상처와 출혈이 생기지 않도록 각별히 유의해 주시길 바랍니다.

 항문 클리핑 key point

1. 항문을 기준으로 두고 마름모꼴 or 직사각형으로!
2. 항문의 크기만큼 꼬리 부분도 함께 클리핑!
3. 미용 상태와 꼬리 길이에 맞게!

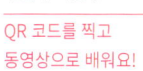

QR 코드를 찍고
동영상으로 배워요!

생식기 & 배 클리핑

준비물 : 미니클리퍼

　항문 클리핑과 연결되어 진행되는 부위입니다. 민감한 부위이기 때문에 이 역시 각별한 주의가 필요해요. 클리퍼 사용 시 주의점은 항문 클리핑에서 설명해 드린 내용과 같습니다. 기억이 나지 않으신다면 다시 한번 돌아가서 꼭 숙지하고 오세요!

　대부분 생식기 부위 털 관리도 역시 위생 미용 시 한 번에 진행하시는데요. 항문과 마찬가지로 아주 많이 예민한 부위이기 때문에 아주 조심스럽게 신경을 많이 써주셔야 하는 부분입니다. 강아지가 소변을 본 후 스스로 핥아서 뒤처리를 한다고는 하지만 아주 깨끗하게 되지는 않아요. 매번 볼일을 보고 난 후 보호자가 케어를 해줄 수 있는 것은 아니기 때문에 늘 잔여물이 남게 되죠. 그래서 생식기 역시 주기적인 관리가 필요한 부위입니다.

앞서 말씀드린 것과 같이 청결을 위해 아이들은 스스로 생식기를 핥습니다. 이 상황에서 생식기 주위에 때처럼 이물질이 끼게 되는 경우가 종종 있습니다. 이때는 이물질 제거가 필수인 상황인데요. 생식기 주위에 털이 많다면 목욕을 제외하고는 제거하기가 쉽지 않아요. 역시 주기적인 클리핑이 필요한 이유죠. 그럼 방법을 알아볼까요?

암컷

1 생식기를 기준으로 두었을 때 생식기의 사방을 약 1cm 정도 더 여유를 주고 클리핑 해줍니다.

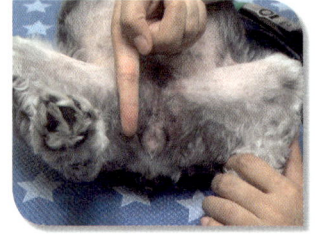

암컷 - 사방 약 1cm 여유

소변과 기타 이물질들이 털을 타고 다른 부위로 옮겨지는 것을 예방하는 효과가 있기 때문에 생식기만 딱 클리핑 했을 때보다 한결 더 위생적입니다.

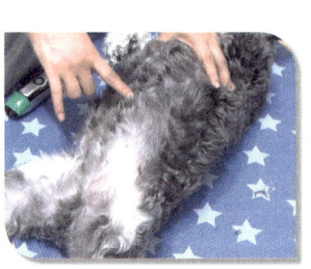

암컷 - 배꼽 기준 아치 모양

2 배 부위는 배꼽을 기준으로 두고 아치형으로 라인을 잡아 준 뒤 양쪽 허벅지 안쪽을 삼각형 모양으로 클리핑 해줍니다. 그러고 나서 연결되는 배 부분의 모든 털을 깔끔하게 클리핑 해줍니다.

배꼽으로 기준을 잡고 배 부위를 다 밀어주는 이유는 배 부분의 털이 엉키는 것을 방지하기 위함입니다. 더불어 임신과 출산을 한 경우라면 이 부위의 클리핑은 필수입니다. 이런 경우라면 미리 생식기 부위의 털도 같이 미용해 두시는 것이 좋습니다.

암컷 - 허벅지 안쪽 기준 삼각형

수컷

1 배꼽에서 손가락 한 마디 정도 더 위로 올라가서 기준점을 잡아줍니다. 그 기준점을 꼭짓점으로 봤을 때 삼각형 모양으로 아래쪽을 모두 클리핑 해주세요.

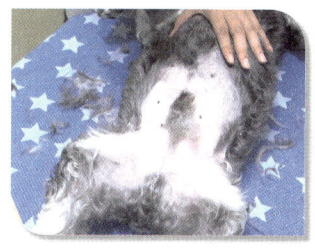

수컷 - 배꼽 기준 한 마디 위부터

역시나 배 부분의 털 엉킴 방지 차원에서 클리핑을 하는 것도 맞지만 암컷과 다르게 배꼽보다 위로 기준점을 잡는 이유는 수컷의 생식기 위치 때문인데요. 수컷의 경우 가슴 쪽으로 소변이 튈 수 있기 때문에 최대한 위로 올려 클리핑을 해주는 것이죠.

2 이어서 암컷과 마찬가지로 허벅지 안쪽을 삼각형 모양으로 클리핑 해주고 나머지 배 부분의 모든 털 역시 클리핑 해주시면 됩니다.

생식기는 특히나 살이 얇고 연하기 때문에 역 방향으로 진행했을 시 클리퍼에 살이 집혀 들어가는 사고가 빈번하게 발생됩니다. 그래서 생식기 클리핑 시 모든 클리핑 방향은 정방향(털이 난 방향, 털이 누워있는 방향)이어야 합니다.

클리핑 시 강아지가 협조를 잘한다면 눕혀서 진행하시는 것이 배 라인을 잡는다거나 생식기 클리핑에 훨씬 용이하실 텐데요. 그렇지 않은 아이라면 서 있는 상태에서 진행하셔야 할 거예요.

이때 조금의 팁을 드리자면 생식기와 허벅지 안쪽을 밀 때는 아이가 서 있는 상태에서 뒷다리 하나를 불편하지 않을 정도로만 살짝 들어 올려주세요. 보호자의 자세는 상당히 불편해지긴 하겠지만 그렇게 되면 클리퍼가 들어갈 공간이 생겨서 클리핑 시 움직임이 수월해집니다.

배 클리핑을 할 때는 아이의 앞다리를 손가락 사이에 끼운 후 살짝 들어 올려 세워주시면 좋은데요. 다만 이 자세는 관절에 조금 무리를 줄 수 있기 때문에 오랫동안 하시는 것은 추천해 드리지 않습니다. 혹여나 관절이 좋지 않다거나 슬개골에 문제가 있는 아이라면 어렵더라도 눕혀서 진행하시는 것이 좋습니다.

배 부위에서 특히나 주의할 점은 젖꼭지 부분입니다. 조심스럽게 잘 피해서 밀어주셔야 해요. 가정용 클리퍼 대부분 날이 짧고 날카롭기 때문에 그다지 돌출되지 않은 수컷의 경우에도 어렵지 않게 절단되어 사고가 났다는 소식을 듣고는 합니다. 꼭 주의가 필요한 부분이니 클리핑 시 꼭 확인하고 넘어가 주세요!

　말씀드렸듯이 살에 딱 붙여 누르면서 클리핑을 하게 되면 여지없이 상처 나는 것을 보게 되실 거예요. 한 손으로는 살을 평평하게 쫙 펴주시고 클리핑 마지막에는 살짝 띄우면서 마무리. 잊지 마세요!

 생식기 & 배 클리핑 key point

1. 성별에 따라 클리핑 방법과 위치 확인 필수!
2. 사고 주의! 생식기 클리핑은 꼭 정방향으로!
3. 살은 꼭 쫙 펴서! 클리퍼는 누르지 않고!

QR 코드를 찍고
동영상으로 배워요!

준비물 : 클리퍼, 민가위, 콤 브러시

강아지 발 미용의 대표적인 예는 닭발 컷이라고 할 수 있을 텐데요. 이 참에 강아지 발미용 컷에 대해 몇 가지 알아볼게요. 닭발 컷의 정확한 모양이 뭘까요? 하고 여쭤보면 거의 50:50으로 두 가지 대답을 하시더라고요.

첫 번째는 그 유명한 닭발 컷의 제대로 된 모양으로, 발목을 기준으로 보시면 쉬울 거예요. 발등에서 발목까지, 혹은 더 위로 클리핑을 해준다면 그것이 바로 닭발 컷입니다.

두 번째는 닭발과 혼동을 많이 하시는 토끼발 컷인데요. 발가락이 갈라지는 부분까지만 클리핑을 하는 것입니다. 가끔 발톱 바로 윗부분까지만 원하시는 분들도 계시거든요. 이 두 가지 경우 모두 토끼발 컷이라고 말합니다.

　그다음 세 번째로 곰발 컷이라는 것이 있어요. 보기에 둥그스름하여 곰발을 연상시킨다 해서 붙여진 이름입니다. 다리와 발의 경계가 따로 없이 다리에서부터 일자로 쭉 시저링을 해주며 발톱 끝부분에 맞춰서 둥글게 다듬어 주는 것이 특징입니다.

　마지막으로 소개해 드릴 컷은 부츠 컷입니다. 이 컷은 장화 컷, 방울 컷이라고도 불리는 발~다리 부분의 디자인 컷인데요. 원하는 위치까지의 다리털만 길러주어 원기둥 모양을 기본으로 하고 곰발과 마찬가지로 다리에서부터 발까지 연결해 컷해주는 것이 특징입니다. 이 컷에는 곰발이 정석이기는 하나 각자 스타일에 따라 발등 부위를 닭발 컷이나 토끼발 컷으로 해주셔도 괜찮습니다.

　모든 발미용에 공통적인 사항은 패드(발바닥) 부분은 모두 클리핑을 해주셔야 한다는 것인데요. 실외에서 생활하는 아이들이 아닌 이상 실내 생활에 있어서 발바닥의 털은 아이들에게 불필요하기도 하고 미끄러움을 배가시키기 때문에 관절에 무리를 주게 됩니다. 또한 강아지의 열 배출의 대부분이 발바닥으로 이루어지기 때문에 특히 더운 여름철에는 발바닥 미용은 필수겠죠. 그러므로 발바닥 클리핑은 꼭 잊지 말고 주기적으로 해주시는 것이 좋습니다.

　발 미용 시 주의점이 있는데요. 자주 관리를 해줘야 하는 부분이라 한 번 미용할 때 털 길이를 최대한 짧게 해달라고 하시는 분들이 많아요. 하지만 mm 수가 짧을수록 아이들의 피부가 느끼는 부담감은 커지게 됩니다. 바로 피부 트러블이 그 대표적인 예가 되겠는데요. 평소에 발을 많이 핥지 않는 아이였더라도 너무 짧게 미용을 하게 되면 트러블이 생기면서 간지럽고 따갑고 아픔을 느끼게 되어 끊임없이 핥고 있는 것을 보실 수 있습니다.

 멀쩡하던 아이도 그런 상황이 생기게 되는데 평소에 발 사탕을 많이 먹는 아이라면 더 심한 증상이 나타날 수밖에 없겠죠. 이런 아이들 중 상태가 심한 케이스라면 피부가 많이 부어 있고 약해져 있기 때문에 클리퍼가 닿자마자 피가 뽁뽁 터지는 것을 종종 볼 수 있습니다. 그러니 조금 자주 해야 한다는 불편함은 있겠지만 위생미용의 최소 길이는 1.5mm임을 잊지 마시고 조금만 더 부지런쟁이가 되어주시는 것이 좋습니다.

 풋라인 잡기는 발 클리핑 후 경계 부분의 지저분한 털을 정리하는 개념이라고 이해하시면 되는데요. 클리퍼로 간단하게 하는 방법과 조금 더 공을 들여 가위를 이용해 시저링 해주는 방법이 있습니다. 토끼발을 예로 들어 발 클리핑과 더불어 풋라인 잡기에

발 클리핑 - 발 들어올리기

대해 알아볼게요.

발 클리핑 - 옆 라인 사선 가이드

1 발목 관절을 살짝 꺾어 뒤로 들어 올린 후 큰 패드 바깥쪽으로 끝부분에 클리퍼를 사용하여 일자로 가이드라인을 잡아주고, 발 앞쪽으로 연결되는 옆 라인은 살짝 사선 으로 (발톱 쪽으로) 가이드를 잡아주세요. 그 후 발바닥 부분의 털을 전부 깔끔하게 클리핑 해줍니다.

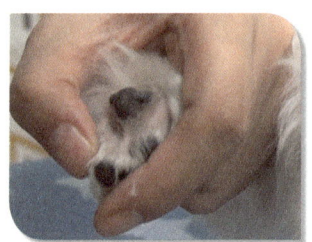

발 클리핑 - 발바닥 안쪽 클리핑

한 가지 팁을 드리자면 잡고 있는 손으로 강아지 발톱을 발등 쪽으로 살짝 젖혀주면 발바닥 사이가 벌어지면서 약간의 공간이 생깁니다. 이 방법을 잘 이용하여 클리핑 하시면 한결 수월하실 거예요.

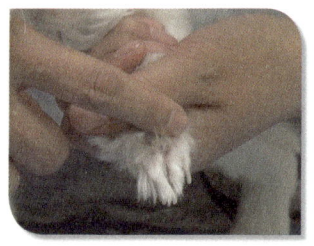

발 클리핑 - 발등 클리핑

2 발등은 발가락이 갈라진 끝부분에서 약 5mm 정도 더 올라간 지점까지 클리퍼로 밀고 올라가 줍니다.

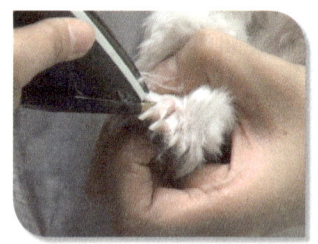

발 클리핑 - 발가락 사이 털 클리핑

이는 가위가 들어갈 공간을 만들기 위함인데, 혹여 가위를 사용하지 않을 분들은 위와 상관없이 발가락이 갈라진 부분에서 클리핑을 멈추고 클리퍼로 깔끔하게 라인을 잡으셔도 됩니다. 라인 잡기가 끝났다면 발가락 사이의 털을 최대한 깔끔하게 밀어줍니다.

3️⃣ 클리퍼만 사용하여 풋라인을 잡을 경우에는 패드 쪽에서 사선으로 잡아줬던 옆라인과 발등 부위의 라인을 자연스럽게 연결시켜주면 모든 작업은 끝이 납니다.

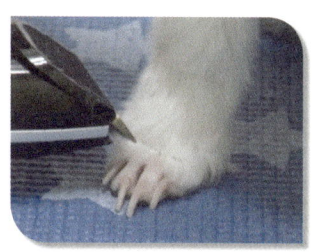

풋라인(클리퍼) - 튀어나온 털 정리

4️⃣ 가위를 사용하여 풋라인을 잡을 경우에는 발목 부위의 털을 콤 브러시를 이용하여 모두 아래로 쓸어내려 준 후 튀어나온 털을 뒤쪽부터 일자로 잘 잘라주며 다듬어줍니다.

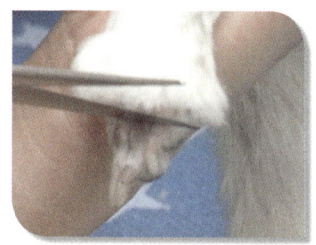

풋라인(가위) - 튀어나온 털 정리

옆 부분부터 발등 부분까지는 약간 둥그렇게 모양을 잡아가며 시저링을 하면 되는데 중간중간 꼼꼼한 코밍*을 해야만 완성되었을 때 삐져나오는 털이 없이 깔끔하게 풋라인 잡기가 완성됩니다.

풋라인 - 둥그스름하게 전체 연결

발톱 바로 옆에 있는 털일수록 밀기가 쉽지 않으실 거예요. 깔끔하게 하고 싶은 마음에 계속해서 클리핑을 하다 보면 힘이 가해지고 결국 상처 내시는 분들이 많습니다. 손을 잘 이용해서 붙어 있는 털을 잡고 클리핑하시면 조금 더 쉬우실 텐데요. 잘 안 되는

| *코밍 : 콤브러시를 이용한 브러싱

부위를 끝까지 잡고 있기보다는 반복해가면서 하다 보면 어느샌가 나도 모르게 노하우가 생기면서 많은 힘을 들이지 않고서도 해나갈 수 있을 거예요.

발 클리핑 & 풋라인 잡기 key point

1. 원하는 디자인 고르기!
2. 발 미용 시 패드 클리핑은 필수!
3. 최소 사용 가능한 클리퍼 날은 1.5mm!

QR 코드를 찍고
동영상으로 배워요!

몸통 클리핑

준비물 : 클리퍼

  몸통은 다른 곳들보다 상대적으로 클리핑 면적이 넓고 특히나 등 쪽은 다른 부위보다 살도 많고 두껍기 때문에 큰 주의 없이 클리퍼를 사용하시는 분들이 많습니다. 모든 클리핑에서 클리퍼의 사용법도 꽤 중요한 부분이기는 하지만, 강아지의 살을 잘 당겨서 평평하게 해주는 것도 중요합니다. 그것만 잘돼도 큰 힘들이지 않고 별다른 사고 없이 클리핑을 마칠 수 있죠. 몸통 역시 마찬가지입니다.

  살을 당겨줄 때에는 손을 이용하여 클리핑을 진행하고자 하는 방향의 반대 방향으로 잡고 당겨주시면 되는데요. 아주 작은 아이가 아니라면 한 번에 다 밀려고 하지 마시고 몇 번에 나누어서 진행해주세요.

등을 예로 들자면 엉덩이 끝에서 목 부분까지를 2~3등분하고, 나누어서 클리핑을 해주시는 것이죠. 이렇게 해야 사고도 방지할 수 있고 깨끗한 클리핑이 됩니다. 한 번에 하려고 쭉 밀고 나가다 보면 힘이 골고루 전달되지 않기 때문에 중간중간에 덜 밀리는 곳이 꼭 있기 마련이더라고요. 그렇게 되면 두세 번 같은 곳을 클리핑 하게 되어 시간만 늘어날 뿐입니다. 말씀드린 것처럼 한 번에 원하는 부위 한 곳에만 집중하시면 불필요한 시간 낭비는 하지 않겠죠.

몸통 클리핑 - 엉덩이부터

1 모든 미용의 공통인 엉덩이 부분부터 시작을 합니다. 안내해드린 것처럼 엉덩이부터 목 부분까지 한 번에 밀고 나가지 마시고 적당 부분을 나누어 진행하시면 됩니다. 이때 많은 분이 옆구리 부분까지 같이 밀고 나가실 텐데요. 진행하는 데 있어 문제 될 것은 없지만 꼭 주의가 필요한 것은 보이는 부분까지만 클리핑 하셔야 한다는 것입니다.

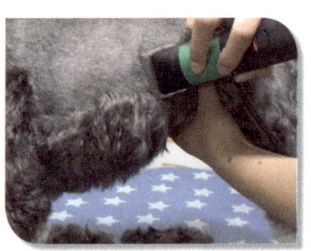

몸통 클리핑 - 옆구리

2 등 부분이 끝나면 옆구리로 내려갑니다. 살집이 없어 마른 아이들의 경우 간혹 갈비뼈에 클리퍼가 걸려 상처가 날 때도 있

습니다. 주의가 필요하겠죠.

3 뒷다리 부분에서 주의할 점은 중족골이라고 하는 발목 바로 위쪽에 위치한 움푹 들어간 곳입니다. 이 부위를 그냥 클리핑하게 되면 사이에 있는 털이 잘 밀리지 않게 됩니다. 클리퍼 날을 세워 밀게 되면 얇은 살이 찢어지게 되기 때문에 꼭 반대 방향에서 손가락을 넣어 살을 평평하게 올려준 뒤에 클리핑을 진행하시기 바랍니다.

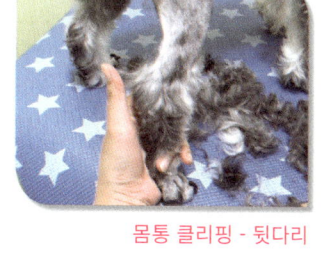

몸통 클리핑 - 뒷다리

4 앞다리도 뒷다리와 마찬가지로 다리 뒤쪽을 보시면 조금 깊게 들어간 부분이 보이실 거예요. 이 부위 역시 손가락을 이용하여 살을 빼낸 상태에서 클리핑을 진행하셔야 합니다. 다리 부분에서 꼭 주의할 점은 바로 며느리발톱입니다.

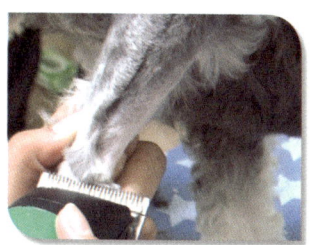

몸통 클리핑 - 앞다리

앞발의 경우 며느리발톱이 있다는 사실을 인지하고 계시는 분들이 많아요. 하지만 놀랍게도 그렇게까지 무신경할까 싶으시겠지만 뒷발은 생각보다 모르고 계시는 분들이 많습니다. 아는 길도 돌아가고 돌다리도 두드려보고 건너듯이 며느리발톱은 꼭 한 번 더 꼼꼼하게 확인하시고 다리 클리핑을 진행해 주시기 바랍니다.

몸통 클리핑 - 며느리발톱 주의

5 다음은 겨드랑이 클리핑입니다. 안으로 움푹 들어가고 살을 평평하게 펴기가 아주 힘든 부위이기 때문에 클리핑 하기 가장 까다로운 곳 중 하나로 각별한 주의가 필요하기도 합니다. 아이가 서 있다고 가정했을 때 손으로 앞다리 시작 부분(상완골)에 손을 넣고 위로 살짝 들어 올립니다. 그렇게 되면 클리퍼가 움직일 수 있는 공간이 생김과 동시에 겨드랑이 살이 일자로 펴지는 것을 보실 수 있게 됩니다.

그때 클리핑을 진행하시면 되는데요. 역시나 살이 상당히 연약하므로 찢어지는 사고에 각별히 주의해 주시기 바랍니다.

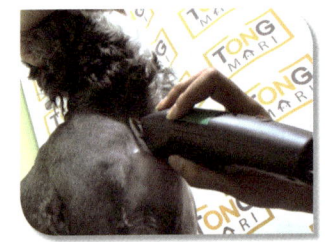

몸통 클리핑 - 가슴부터 목까지

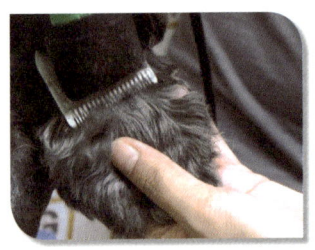

몸통 클리핑 - 귀 안쪽에서 바깥쪽

6 가슴 부위부터 목까지는 한 번에 진행하시면 됩니다. 여기에서 팁은 머즐(주둥이)을 잡고 위로 올려주면 목부터 앞가슴까지 살이 펴짐을 보실 수 있다는 점입니다.

가슴부터 시작해 목 쪽으로 밀고 올라가시면 되는데요. 이때도 힘을 너무 주고 누르게 되면 여지없이 상처를 볼 수 있으니 적당한 힘 조절이 필요합니다.

7 귀 클리핑이 필요한 경우에는 귀 안쪽에서 바깥쪽으로, 즉 정방향으로 클리핑을 진행하시면 됩니다. 귀 끝 정리를 할 때는

가위로 이용하는 것이 좋으나 가위 사용에 미숙하다면 클리퍼로 하셔도 됩니다. 이때 조금 더 안전하게 할 수 있는 방법이 있는데요. 귀 끝 라인에 손가락을 맞춰서 대줍니다. 그러고 난 후 클리퍼는 그 손가락 위를 지나가게 하는 것이죠.

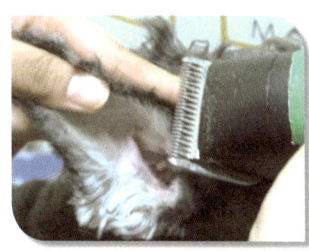

몸통 클리핑 - 귀 끝 라인

그렇게 되면 귀는 다칠 일이 전혀 없기 때문에 보다 안전한 클리핑으로 마무리를 할 수 있게 됩니다.

몸통 클리핑 - 눈꼬리

8 눈 주변을 클리핑 할 때는 과하다 싶을 정도로 손을 이용해 눈꼬리를 최대한 당겨준 후 진행해 주세요. 눈 안에 털이 들어가는 것을 방지하며 눈꼬리 끝이 클리퍼에 끼는 사고를 방지할 수 있습니다.

9 입 주변 역시 눈꼬리를 당기듯이 입꼬리도 최대한 당겨서 쫙 펴주셔야 해요.

몸통 클리핑 - 입꼬리

입꼬리를 당긴 후 아랫입술 양쪽 옆을 보면 숨어 있던 털이 튀어나오게 됩니다. 이 부위에 이물질들이 많이 끼기 때문에 얼굴 클리핑을 하실 때는 물론이고 시저링을 하실 때도 꼭 제거를 해주셔야 하는 부분입니다.

몸통 클리핑 - 아랫입술

강아지들은 긴장을 하게 되면 혓바닥을 자주 날름거리게 되죠. 이 때문에 얼굴 부위의 미용 시에는 머즐은 되도록 꽉 잡고 진행하셔야 합니다.

몸통 클리핑을 할 때는 등을 밀면서 옆구리 부위까지 내려가고, 엉덩이 하면서 뒷다리까지 밀고… 이런 분들이 많습니다. 처음 진행하던 부위가 아니기 때문에 다른 부분으로 넘어가게 되면 불편한 자세가 됨에도 불구하고 손이 가는 대로 진행하게 되죠.

물론 아무 일만 없다면 상관없겠지만 그렇게 하면 대부분 제대로 보일 리가 없기 때문에 그때는 모르더라도 지나고 나서 보면 상처가 드문드문 보이게 되는 경우가 다반사입니다. 작은 상처로 끝나지 않을 수도 있습니다. 스스로 조절 가능한 기계이지만 마음이 앞선 탓에 무분별하게 사용하게 되면 아이에게는 큰 상처가 남을 수도 있음을 명심하시고 꼭 눈에 보이는 곳만 클리핑을 진행해 주시기 바랍니다.

 몸통 클리핑 key point

1. 각 부위별 주의 부분 체크!
2. 살은 꼭 평평하게 당겨서 펴주기!
3. 꼭 눈에 보이는 부분까지만 클리핑 하기!

가위 잡는 법

QR 코드를 찍고
동영상으로 배워요!

준비물 : 블런트가위

클리퍼나 기타 도구들과 마찬가지로 가위도 신경 써야 할 부분들이 참 많이 있어요. 차근차근 알아보자고요.

첫 번째로 알아볼 것은 가위의 종류입니다. 가위는 크게 두 가지로 분류할 수 있는데요. 블런트가위(민가위), 틴닝가위(숱가위)가 가장 대표적인 미용가위입니다.

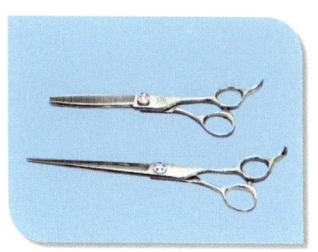

가위 종류 - 블런트가위, 틴닝가위

블런트가위는 가위 컷 전반에 걸쳐 사용되고, 틴닝가위는 주로 얼굴 컷을 할 때 사용한다고 생각하시면 됩니다. 이 외에 블런트가

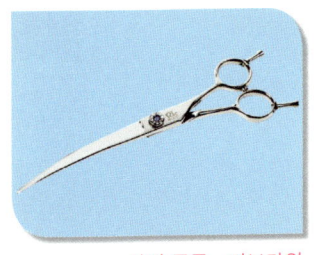

가위 종류 - 커브가위

위에서 파생된 커브가위라는 것이 있는데요. 커브가위는 말 그대로 가위가 곡선형으로 휘어 있는 것을 말합니다. 이 가위는 블런트가위로는 한 번에 할 수 없는 곡선 표현을 해야 하는 곳에 사용하게 되면 쉽고 빠르게 둥근 모양의 컷이 가능하게 됩니다.

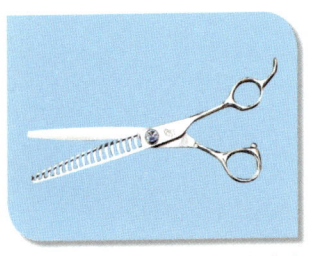

가위 종류 - 요술가위

또한 최근 들어 일반 가정에서까지도 인기 아이템이 되고 있는 요술가위라는 것이 있는데요. 이 가위는 블런트가위와 틴닝가위를 적절히 섞어 놓은 듯한 모양새입니다. 틴닝가위의 다른 이름인 숱가위의 뜻 그대로 숱을 치는 것에 주목적이 있기 때문에 절삭력이 크게 떨어지고, 블런트가위는 절삭력이 좋은 대신에 한 번 잘못 자르게 되면 눈으로 보기에도 티가 많이 나게 되는데요. 요술가위는 이 두 가위의 단점을 잘 보완해 나온 획기적인 아이템이라고 할 수 있죠. 하지만 기능이 좋은 만큼 구매 가격이 사악합니다.

두 번째는 가위의 선택 방법입니다. 처음 구매하실 때 주변에서 도움을 주지 않는 이상은 대부분 인터넷 서칭을 통하거나 펫샵 등에 물어보고 추천받아 구매하실 거라고 생각해요. 모양이나 색깔은 개인의 취향에 따라 선택하시면 되겠지만 기본적인 선택 방법의 팁을 조금 드릴게요.

 처음 말씀드릴 것은 무게입니다. 가끔 좋은 재질로 만들어서 무겁다는 얘기를 하시는 판매자 분들이 계시는데요. 이 말에 속으시는 분들은 없길 바랍니다. 너무 가벼운 것도 좋지는 않지만 무거운 것은 미용을 함에 있어 손과 손목에 전체적으로 무리를 주게 됩니다. 가위를 잡아보시고 본인에게 적당한 무게감을 찾으셔야 합니다.

 반려견 미용사들이 처음 잡는 가위는 7인치로 통일이 되어있습니다.

 이는 훈련을 위해서이기도 하지만, 일반적으로 반려견 미용학원 자체에서 제공하는 대부분의 블런트가위가 7인치이기 때문에 그렇습니다. 사담이지만 개인적으로는 예비 반려견 미용사라도 까막눈과 마찬가지인 초급반일 경우 짧은 인치부터 단계별로 올라가는 것도 나쁘지 않다고 생각해요. 그래서 저는 미용에 대한 경험이 전무하고 약간의 지식도 없는 상태라고 하신다면 5.5인치로

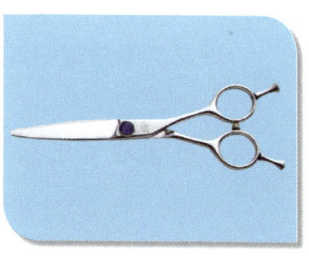
가위 선택법 - 5.5인치 블런트

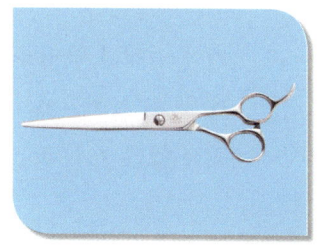
가위 선택법 - 7인치 블런트

출발하시는 것이 훨씬 안정적이라고 말씀드리고 있습니다.

일반적인 펫샵에서 파는 가위가 대게 5.5인치 정도인데요. 처음부터 너무 고급 가위를 구매하시기보다는 저렴하고 짧은 인치의 가위로 시작하시고 연습하시면 좋을 거예요. 어느 정도 익숙해지고 훈련이 되었다면 가위를 바꿔봐야겠죠.

몸집이 작은 소형견이라면 5인치라고 할지라도 미용하시는 데 크게 문제가 되지는 않겠지만 중형견이거나 소형견 중에서도 크기가 좀 있는 아이라면 7인치를 추천해 드립니다. '2인치 차이가 얼마나 나겠어'라고 하실 수도 있겠지만 사용해 보면 잘려 나가는 면적이 확연하게 차이가 나는 것을 볼 수 있으실 거예요. '아이가 크면 큰 가위를 써야 한다'가 기본 공식은 아니지만 체감상으로도, 시간상으로도 다른 점은 확실히 있을 테니 잘 고민해보시는 것이 좋겠죠.

한 가지 더 말씀드리고 싶은 것은 사용자의 손 크기도 중요하다는 것입니다. 일반 성인을 기준으로 보면 큰 문제는 없지만 손 크기가 다른 사람들에 비해 유독 작은 분들에게 해당되는 내용입니다.

가위를 보면 손가락을 넣을 수 있는 구멍이 두 개가 있는데요. 여기에 엄지와 약지를 넣고 검지와 중지로 가위 아랫부분을 받치고 지탱을 해야 하는데 손이 작은 분들은 검지와 중지의 역할이 제대로 되지 않아 가위 잡는 손 모양이 이상하게 변하게 됩니다.

이런 경우에는 짧은 날의 가위를 사용하시는 것이 좋아요. 무리해서 긴 가위를 쓰시면 손에 무리가 많이 가게 되고 고통이 동반될 수 있습니다.

 손가락이 짧거나, 가위의 엄지환과 약지환에 비해 손가락 굵기가 얇은 분들도 문제가 될 수 있는데요. 이럴 때 조금 더 편하게 도움을 받을 수 있는 것이 바로 고무링입니다.

가위 선택법 - 실리콘 링

 엄지환과 약지환에 끼워 사용하는 고무링은 미끄럼방지와 더불어 편안한 시저링을 할 수 있게 도와주는 역할을 하기도 합니다. 우리는 셀프 미용을 하는 것이 주목적이라 장시간 가위를 쓸 일은 별로 없겠지만 혹시라도 그런 상황이 발생한다거나 피부가 아주 약한 분들은 고무링의 도움을 받아 손가락에 생길 수 있는 물집이라든가 군살 등을 미연에 방지할 수 있다는 것도 간단한 팁으로 가져가시면 좋겠네요.

 그렇다면 이제 가위에 대해 더 자세히 알아볼까요?

 앞에 잠시 말씀드렸듯이 가위에는 두 개의 구멍이 있습니다. 위쪽 구멍의 명칭은 엄지환, 아래쪽 구멍은 약지환이라고 합니다.

가위 잡는 법 - 기본 자세

이름에 맞게 엄지손가락과 네 번째 손가락을 잘 넣어주시면 되는데요. 이때 엄지손가락을 너무 깊게 밀어 넣게 되면 원활한 가위질을 할 수 없기 때문에 구멍 끝까지 밀어 넣는 것이 아니라 손가락 끝부분을 살짝 걸친다고 생각하셔야 합니다.

다음으로는 약지환에 붙어 있는 조그마한 대가 보이실 텐데요. 이것은 소지걸이라고 하고 새끼손가락을 잘 갖다 대어 받침대 역할을 하게 합니다. 그리고 남은 두 손가락은 자연스럽게 가위 날 아랫부분을 살포시 받쳐주면 준비는 끝이 납니다.

반려견 미용에서 가위를 사용할 때는 엄지손가락만 움직이는 것이 정석입니다. 다른 손이 움직인다면 손 전체가 흔들리게 되어 일정한 모양을 내기가 많이 힘들 수 있기 때문에 꼭 엄지손가락만 움직이는 연습을 하셔야 하는데요.

가위 잡는 법 - 손바닥 펼치기

잘 안되시는 분들을 위한 팁을 하나 드릴게요. 손바닥이 위를 보도록 쫙 펴신 후에 엄지손가락 전체를 접었다 폈다를 반복해 주세요. 이때에도 손 전체가 같이 오므려진다면 다른 손으로 나머지 네 손가락을 움직이지 않게 꽉 잡고 다시 엄지손가락만 접었다 폈다 해보세요. 이것이 잘되고 성공한다면 가위를 잡았을 때도 흔들림 없이 엄지손가락만 움직이는 것이 가능하게 되실 수 있습니다.

가위 잡는 법 - 엄지만 움직이기

다만 평소에는 전혀 쓰지 않는 근육이어서 연습하시는 동안에는 엄지손가락 아랫부분이 마치 근육이 뭉친 것처럼 상당히 아프실 수 있습니다. 연습하시는 중간중간 마사지를 통해 잘 풀어주세요.

가위를 잘 쓰는 방법은 수평, 수직을 얼마나 잘 해내느냐에 달렸다고 해도 과언이 아니에요. 이 연습을 정말 많이 하신 분들은 흔들림 없는 가위 컷이 가능하게 되죠. 방법은요, 물통과 낮은 직사각형의 밀폐 용기를 준비하시고 각 용기에서 약 1cm 떨어진 곳에서 수평을 유지하며 옆으로 또는 앞으로 나아가 보세요. 수직 역시 마찬가지로 위에서 아래로 내려가는 연습을 하시면 됩니다.

가위 잡는 법 - 수평 연습

이때 가위의 개폐는 가능한 한 많이 열었다 닫아주기를 반복해주셔야 해요. 나중에

가위 잡는 법 - 수직 연습

실제로 가위 컷을 해보시면 알게 되시겠지만 시원한 시저링을 위해 미리미리 연습해 두는 것이니 힘들어도 의식적으로라도 크게 크게 가위를 열어주셔야 합니다.

아무리 고급 가위라고 해도 관리를 못하게 되면 그냥 녹슨 쇳덩이가 되는 것은 시간문제겠죠. 관리 방법에 따라 저렴한 가위도 늘 새것처럼 사용이 가능할 수 있습니다. 깨끗하게 관리하시고 오래 사용하시길 바라는 마음에서 관리법도 짚고 넘어가 볼게요.

가위 청소 - 선회축 사이

가위 컷을 하게 되면 선회축(가위의 나사가 있는 부분) 사이에 상당히 많은 양의 털들이 들어가 끼어 있게 됩니다.

가위를 분해해서 손쉽게 닦아내 버리면 참 좋겠지만 한 번 분해한 가위를 일반인들이 제대로 돌려놓기란 결코 쉬운 일이 아니기 때문에 절대 추천해 드리지 않습니다. 당장 마음을 바꾸시고 다시 정독해 주세요.

가위 청소 - 잔털 제거

가위를 사용한 직후에는 부드러운 솔로 눈에 보이는 잔털들을 제거해 줍니다. 이때는 못 쓰는 칫솔을 사용하셔도 좋습니다.

가위 관리법에 꼭 필요한 것은 금속 전용 오일입니다. 가위 날이 아래로 향하게 든 다음 이 오일을 선회축 사이에 소량 뿌려주세요.

가위 청소 - 오일 도포

그러고 나서 여전히 가위의 날이 아래로 향한 상태로 가위 연습할 때처럼 가위 개폐를 반복해주시면 됩니다.

가위 청소 - 개폐 반복

저 같은 경우는 5~10초 정도 열심히 열고 닫고를 하는데요. 확인을 해보면 가위 날을 따라 숨어 있던 털들이 오일을 타고 흘러나와 있는 것을 보실 수 있습니다. 처음 나온 털들은 휴지를 이용해 조심스럽게 제거해 주시고 다시 한번 오일을 넣고 똑같이 반복해 줍니다.

어느 정도 끼어있던 털들이 다 나온 것 같을 때는 오일을 살짝 닦아내고 헝겊이나 가죽 등으로 한 번 더 닦아내 줍니다. 가죽은 날을 세워주는 역할을 하기도 하므로 가능하다면 사용해 보시는 것도 좋을 것 같습니다. 마지막으로 가위집에

가위 청소 - 오일과 잔털 제거

가위를 넣을 때에는 꼭 가위가 잘 닫혀있는지 확인하시고 서늘한 곳에 보관해 주시면 완벽합니다.

 가위 잡는 법 key point

1. 나에게 필요한 가위 종류 파악하기!
2. 상황에 맞게 알맞은 가위 선택하기!
3. 기본부터 탄탄하게! 가위 잡는 법 연습하기!
4. 청소가 더 중요! 깨끗하게 관리해서 오래 사용하자!

반려견 고급 셀프 미용

가위 사용법을 충분히 숙지하고 손에 익혔다면
이제 나도 도전 반려견 미용사!
하지만 방심은 금물이겠죠?
사고 없는 안전한 미용이 최우선입니다!

QR 코드를 찍고
동영상으로 배워요!

준비물 : 블런트가위, 콤 브러시

　시저링에서 중요한 것은 첫째도 안전, 둘째도 안전입니다. 가위의 날이 생각보다 날카롭기 때문에 조금만 방심해도 쉽게 사고가 날 수 있으니 꼭 안전에 유의해 주시기 바랍니다.

　그다음으로 중요한 것은 손을 떨지 않는 일입니다. 가위 잡는 법에서 말씀드렸듯이 내가 원하는 방향으로 흔들리지 않고 수직, 수평을 유지하며 갈 수 있다면 더할 나위 없이 좋겠죠. 그렇게 되면 안전한 미용도 덤으로 가능하게 될 거예요. 그러니 되도록 가위가 어느 정도 손에 익은 후에 시저링을 진행하셨으면 좋겠습니다.

　시저링에 들어가기 전에 모든 털을 완벽하게 풀어놓으시는 것은 기본입니다. 그리고 시작하기 전에 콤 브러시로 다시 한번 전체

브러싱을 하시면서 확인해주세요. 준비가 끝났다면 시저링을 시작하기 전에 머릿속으로 원하는 모양을 충분히 생각해보세요. 가능하다면 손으로 그림을 그려봐도 좋겠고, 비슷한 모양의 사진을 눈에 익을 때까지 보시는 것도 도움이 됩니다.

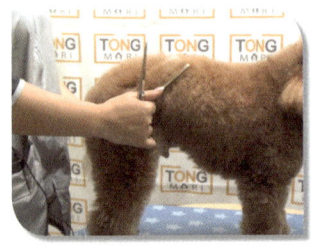

엉덩이 시저링 - 전체 코밍

이제 본격적인 시저링을 시작하겠습니다. 먼저 콤 브러시로 엉덩이부터 양쪽 뒷다리의 털을 모두 세워주세요. 이때 코밍을 일정하게 해야지만 전체적인 길이 확인이 가능합니다. 시저링을 하는 동안 계속해서 코밍이 필요하기 때문에 이 연습도 충분히 해주시는 것이 좋습니다.

모든 털을 세웠다면 네모를 만든다는 생각으로 시저링을 시작하세요. 강아지의 크기에 따라 정사각형이 될 수도 있고 직사각형이 될 수도 있는데요. 중요한 것은 삐뚤어지지 않은 예쁜 사각형을 만들어 주셔야 한다는 점입니다.

여기서 팁은 생각하고 있는 털의 길이에 딱 맞추지 말고 조금 더 여유를 두고 시저링을 하셔야 한다는 건데요. 만약 5mm 정도를 남기고 싶다면 틀을 잡을 때는 7mm 정도로 여유를 두고 진행하셔야 합니다. 처음부터 너무 짧게 들어가면 나중에는 클리핑을 한 것처럼 될 수도 있으니 이 점 꼭 염두에 두세요.

예쁜 네모 모양이 나왔다면 이제부터 다듬어 들어갈 거예요. 양 끝쪽에 꼭짓점을 잘라내 줄 건데요. 이 꼭짓점을 잘라내면 다시 두 개의 꼭짓점이 생기겠죠. 그렇게 계속 꼭짓점을 자르면서 동그란 원을 만들어 간다고 생각하시면 이해하기 쉬우실 거예요. 이렇게 하면 시간은 오래 걸리겠지만 기본 시저링 방법을 잘 따라오신 겁니다.

하지만 우리의 목적은 셀프 미용이고, 장시간 미용을 하면서 아이들이 받는 스트레스를 해소하는 게 더 우선이죠. 그래서 조금 더 간단한 방법도 알려드릴게요.

꼭 지켜야 할 필요는 없지만 시저링에는 부분적으로 정해진 각도가 있습니다. 이것을 잘 이용한다면 보다 쉽고 빠르게 모양을 잡아나갈 수 있다는 장점이 있죠. 기본 가위 컷에서 강아지의 뒷모습은 둥근 'A'

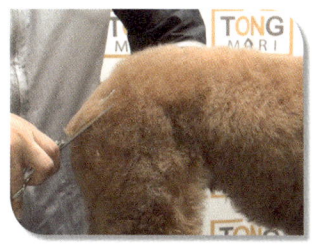

엉덩이 시저링 - 30도

모양을 생각하시면 진행하시는데 조금 도움이 될 거예요. 이 모양을 머릿속에 잘 넣어두고 따라오세요.

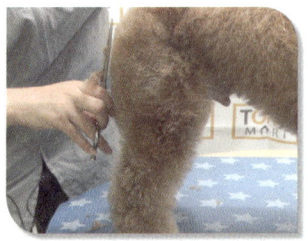

엉덩이 시저링 - 허벅지 연결 부분

첫 번째, 엉덩이를 손으로 만져보면 엉덩이 양쪽으로 튀어나온 뼈가 느껴지실 거예요. 이 뼈를 기준으로 가위를 30도 각도로 살짝 기울인 다음에 시저링을 해주세요. 이러면 엉덩이와 뒷다리를 이어주는 라인을 하나 잡아 놓으신 겁니다.

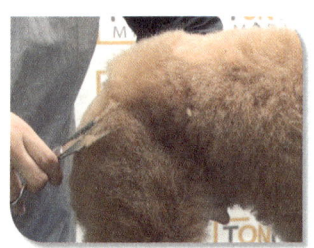

엉덩이 시저링 - 허벅지 라인 연결

두 번째, 엉덩이와 허벅지로 연결되는 부분은 일자로 쭉 내려간다고 생각하고 길이에 맞게 시저링을 해주세요. 이때 엉덩이 쪽으로 너무 가까이 시저링을 하게 되면 볼륨감이 없어지게 됩니다. 빵빵한 엉덩이를 좋아하시는 분은 털 길이를 생각해서 충분히 여유를 두고 시저링 해주세요. 여기까지 잘 따라오셨다면 이제 엉덩이부터 허벅지 라인까지 둥글게 연결을 해주시면 됩니다.

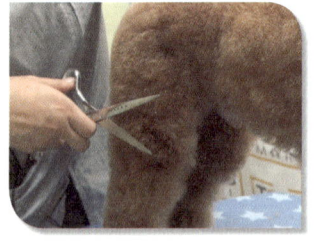

뒷다리 시저링 - 다리 바깥쪽

세 번째, 다리 바깥쪽 역시 수직으로 뚝 떨어지게 일자로 시저링을 해주세요. 이 작업이 완료가 되었다면 엉덩이 옆쪽과 이어지는 다리 부분을 둥글게 연결해 주시면 됩니다.

네 번째, 다리 안쪽은 작은 아치형의 모습이 나오게 할 건데요. 다리 바깥쪽과 마찬가지로 특별한 모양 없이 일자로 쭉 시저링 해주시고 이어지는 부분만 동그랗게 잘 연결하시면 됩니다.

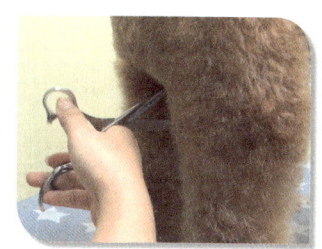

뒷다리 시저링 - 다리 안쪽

다섯 번째, 다리 뒤쪽의 털은 양옆에 길이에 맞게 다듬어 주시면 됩니다. 뒷다리에서 모양을 조금 더 내고 싶으신 분들은 무릎뼈를 기준으로 잡은 상태에서 15도 정도 위로 올라간 부분에서 다시 45도 정도로 가위를 기울이고 시저링 해주세요. 여기까지 잘 따라오셨다면 뒷다리의 앞쪽 털은 그대로 둔 상태에서 엉덩이~뒷다리 시저링을 일단 끝내주시면 됩니다.

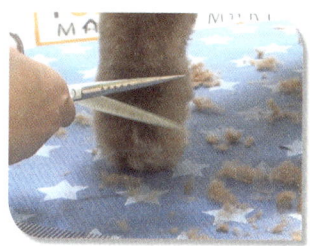

뒷다리 시저링 - 다리 뒤쪽

엉덩이 & 뒷다리 시저링 key point

1. 전체적인 모양은 둥근 'A'
2. 엉덩이는 30도!
3. 엉덩이~허벅지 뒤쪽은 일자로!

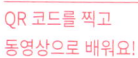
QR 코드를 찍고
동영상으로 배워요!

등, 옆, 배 시저링

준비물 : 블런트 가위, 콤 브러시

수평 연습만 잘 되어 있다면 시저링 중 큰 어려움 없이 가장 쉽게 할 수 있는 부분이 바로 등입니다. 역시나 시저링을 시작하기 전에 털을 모두 빗어 세워주세요.

첫 번째, 등의 시저링은 앞다리 부근까지만 진행합니다. 등 부분 역시 마찬가지로 원하는 길이보다 조금 더 여유를 두고 시저링을 할 텐데요. 등뼈(척추)를 따라간다는 생각으로 엉덩이 쪽에서 목 쪽으로 시저링을 해줍니다.

등, 옆, 배 시저링 - 전체 코밍

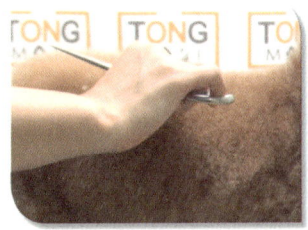
등 시저링 - 2~3등분 나눠서 진행

두 번째, 이때 충분한 연습이 되지 않았다면 한 번에 시저링을 다 하려고 할 때 목 쪽으로 갈수록 높이가 점점 높아지는 것을 볼 수 있습니다. 강아지의 크기에 따라 등을 2등분 또는 3등분으로 나누고 하면 일정한 길이의 시저링이 가능해집니다.

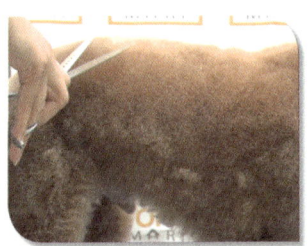
등 시저링 - 적당한 길이로 시저링

세 번째, 진행하면서 일정한 길이로 자르고 있는지 확인하고 싶다면 시저링이 끝나고 코밍을 해준 후 등과 눈높이를 맞춰서 확인을 합니다. 눈높이를 맞추고 보면 튀어나온 털들이 보이실 거예요. 그 부분만 다시 옆에 있는 털의 길이와 맞춰주시면 등의 시저링은 끝이 납니다.

이제 옆 라인을 할 차례입니다. 역시 코밍을 하고 털을 세운 후 시작합니다.

옆 시저링 - 옆 라인 시저링

첫 번째, 일단은 등과 연결되는 부분은 두시고 위에서 내려다봤을 때 보이는 옆 부분까지만 일자로 시저링을 해주시면 되는데요. 사각형의 한 면을 만든다고 생각하고 자르시면 쉽겠죠. 옆 라인 시저링은 앞다리 부분(어깨뼈)이 시작되기 직전까지만 진행하셔야 합니다.

두 번째, 옆 라인이 어느 정도 진행이 됐다면 이제 등에서 옆 라인까지 연결을 해줄 거예요. 자연스러운 곡선을 그리면서 연결을 시켜주셔야 하는데요. 등에서 시작해서 옆으로 내려갈 때 시저링하는 손을 둥글게 꺾어 주면서 내려가면 됩니다. 작은 반원을 그린다고 생각하시면 도움이 되실 거예요.

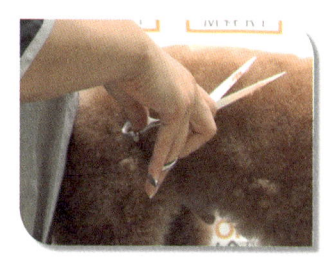

옆 시저링 - 둥글게 시저링

이번에는 배 부분 시저링입니다. 이 부위는 잘 보이지 않고 자세 잡기가 다른 부분들보다 힘드실 거예요. 또한 젖꼭지와 수컷의 생식기 등이 털에 가려 잘 안 보이기 때문에 크고 작은 사고들이 빈번하게 일어나기도 합니다. 시저링 시 각별한 주의가 필요합니다. 보다 안전한 미용을 위하여 가위를 잡지 않은 손으로 젖꼭지나 생식기를 보호하고 시저링을 하시면 좋습니다.

첫 번째, 일단은 강아지를 세워 놨을 때 안 보이는 배 아랫부분은 절대 건드리지 마시고 보이는 부분까지만 시저링을 진행합니다. 배 부분은 털이 길 필요가 전혀 없기 때문에 최종적으로 전체를 한 번 더 다듬을 때 최대한 짧게 만들어 줄 거예요. 그러므로 다른 부분들과 다르게 생각했던 길이에

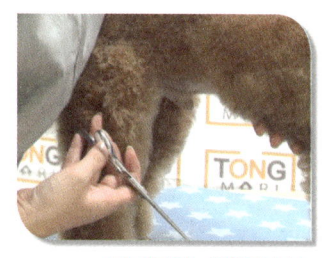

배 시저링 - 젖꼭지 보호

맞춰 시저링을 합니다.

두 번째, 허벅지 앞쪽으로 보면 쏙 들어간 부분이 보이실 텐데요. 그 부분부터 앞가슴까지 둥글게 연결을 시켜줍니다. 사실 제대로 미용을 배운다고 한다면 턱업(tuck-up)이라고 해서 라인을 잡는 기준점을 잡아야 하는 것이 맞습니다.

이 턱업은 마지막 갈비뼈를 기준으로 하는데요. 눈으로 보이는 것이 아니기 때문에 손으로 만져보고 찾아야 합니다. 이 과정을 의외로 어려워하시는 분들이 많으시기에 임시방편으로 허벅지 앞쪽의 들어간 부분을 말씀드리기도 합니다. 두 가지 방법 중 조금 더 편한 것을 골라 사용하시길 바랍니다.

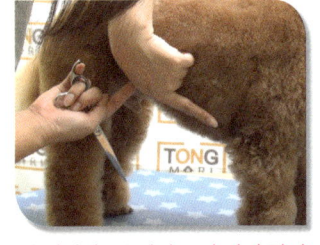
배 시저링 - 손가락 모양 라인 잡기

세 번째, 앞서 뒷다리 부분 시저링을 진행할 때 남겨뒀던 부분이 있죠. 이제 턱업과 연결을 시켜 줄 건데요. 턱업과 이어지는 부분은 자연스러운 곡선을 그리며 연결시켜주시고 곡선에서 이어지는 나머지 털들은 일자가 되도록 다듬어 주시면 됩니다.

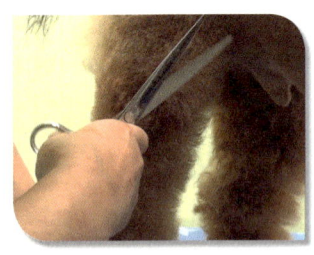
배 시저링 - 뒷다리 라인 연결

네 번째, 보이는 부분의 털들을 모두 정리

했다면 강아지의 앞다리를 들어 일으켜 세워줍니다. 그러면 배의 가운데 부분의 긴 털들이 보이실 거예요. 양쪽 옆의 잘 다듬어진 털들을 기준으로 왼쪽에서 오른쪽 또는 오른쪽에서 왼쪽으로 시저링 하시면서 연결만 시켜주시면 됩니다.

다리가 불편하여 일어나는 것이 힘든 강아지들은 눕히는 것도 방법이 될 거예요. 이마저도 불편해한다면 앞다리를 한쪽씩 들어 올려 공간을 만들고 보호자가 최대한 허리와 머리를 숙여서 시야를 확보하고 시저링을 진행해 주세요.

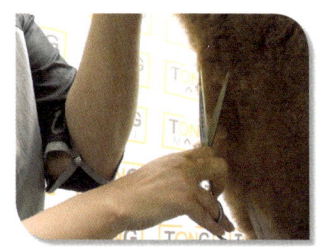

배 시저링 - 아래 부분 마무리

등 & 옆 & 배 시저링 key point

1. 처음엔 일자로! 연결 부위는 둥글게!
2. 꼭 보이는 곳까지만!
3. 턱업 위치 확인!

QR 코드를 찍고
동영상으로 배워요!

목, 앞가슴, 앞다리 시저링

준비물 : 블런트 가위, 콤 브러시

시저링 시작 전, 시저링 중 틈틈이 코밍을 해야 한다는 것을 꼭 염두에 두시고 목 부분 시저링을 시작해 보겠습니다.

첫 번째, 목은 강아지를 위에서 봤을 때 'A'자 형태의 모양이 나오면 되는데요. 강아지를 정면으로 바라본 상태에서 움직이지 못하도록 머즐(주둥이)을 손으로 잡아줍니다. 목젖부터 적당한 길이로 시저링을 시작할 건데요. 오른쪽으로 점차 올라가며 라인을 잡아줍니다.

목 시저링 - 위에서 볼 때 A 모양

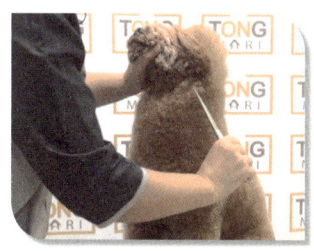

목 시저링 - 목젖에서 오른쪽으로

A자 형태가 나와야 하기 때문에 처음에는 손 모양이 일자로 되어 있다가 점점 사선이 되어야 합니다. 이때 목등은 건드리지 않고 목 옆 부분까지만 시저링을 진행해 주셔야 합니다. 목등은 머리 부분할 때 한 번에 연결시켜야 하기 때문에 미리 시저링을 하게 되면 전체적인 길이를 다시 손봐야 하는 상황이 올 수도 있습니다.

목 시저링 - 뒤에서 앞쪽으로

두 번째, 강아지를 돌려 뒤에서 바라보고 역시 머즐을 잡아 움직이지 않게 해줍니다. 이 상태에서 남은 한쪽도 시저링을 진행하시면 되는데요. 목등을 제외하고 목의 옆 부분부터 아래쪽으로 시저링을 하시되, 이번에는 처음부터 손이 사선 모양이어야 합니다. 아랫부분은 보이지 않으므로 옆 부분만 시저링을 진행하시고 끝이 나면 다시 강아지를 정면으로 바라봅니다. 그리고 앞쪽에서 나머지 목젖 부분의 털을 정리하고 다시 전체적으로 코밍을 한 뒤 목 부분의 모든 털의 길이를 맞춰서 정리해 줍니다.

목 시저링 - 정면을 보고 정리

설명해 드린 방향은 오른손잡이를 기준으로 말씀드린 것이기 때문에 왼손잡이라면 반대로 진행하시면 되겠습니다.

앞가슴 부분은 양쪽 어깨를 기준으로 시작과 끝점을 잡아 가로 방향을 진행해 주시고, 목젖부터 내려와 가슴 끝부분까지 세로 방향을 잡아 주세요.

첫 번째, 머즐을 잡아 위로 들어 올려주시면 가위가 들어갈 가슴 부분의 공간이 더 여유롭게 됩니다. 이 상태에서 양쪽 어깨와 어깨를 연결해주시면 됩니다.

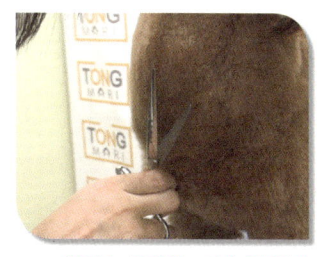

앞가슴 시저링 - 가슴 털 정리

두 번째, 목젖부터 가슴 끝부분까지 세로 방향으로 한 번 더 다듬어 줍니다. 일반적으로 이렇게 일자로 시저링을 하면 기본 가위 컷은 끝이 납니다. 하지만 조금 더 모양을 내고 싶다면 가슴 중앙의 볼륨을 살려주면 됩니다. 이때는 가슴 중앙을 제외한 모든 부분을 조금 더 짧게 시저링한 후에 중앙 부분과 자연스럽게 연결시켜주시면 됩니다.

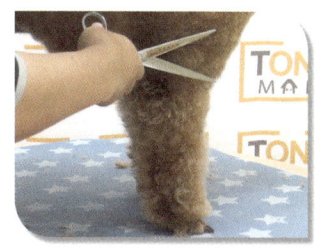

앞다리 시저링 - 옆쪽 시저링

앞다리는 둥근 원기둥을 생각하시고 시저링을 해주세요. 처음부터 둥글게 하기가 어려움이 있으시다면 앞서 말씀드린 직육면체를 만들 듯이 다리의 사방을 수직으로 시저링 해주시고 각을 깎아서 둥글게 만들어주시면 쉽게 끝나는 부분입니다.

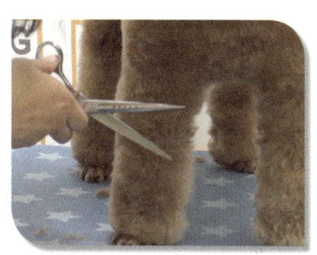

앞다리 시저링 - 앞쪽 시저링

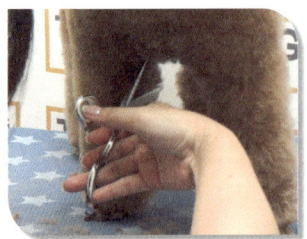

앞다리 시저링 - 안쪽 시저링

여기까지 모든 시저링을 잘 마치셨다면 겨드랑이 털을 정리해야겠죠. 앞다리 안쪽으로 손을 넣고 살짝 들어 올린 후 가슴 라인과 배 라인을 따라 연결시켜주세요. 다시 다리를 내려놓고 코밍을 해 보고 튀어나온 털이 있다면 그 부분만 정리해 주시면 끝이 납니다.

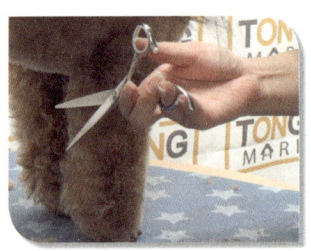

앞다리 시저링 - 뒤쪽 시저링

목 & 앞가슴 & 앞다리 key point

1. 목은 위에서 봤을 때 'A' 모양!
2. 앞가슴의 볼륨을 원한다면 가슴 중앙을 기준으로!
3. 앞다리는 둥근 원기둥!

QR 코드를 찍고
동영상으로 배워요!

준비물 : 블런트 가위, 숱 가위, 콤 브러시

　얼굴은 견종에 따라, 디자인에 따라 모양이 상이하기 때문에 기본 컷에 중점을 두고 말씀드리겠습니다. 기본 컷에서 파생되는 변형 가능한 디자인 컷들이 많기 때문에 잘 익혀두시면 좋겠습니다.

　얼굴은 눈이 제일 많이 가는 부위죠. 가위를 잘 못 써서 모양이 망가지면 '미용실에 맡길걸' 하고 후회를 제일 많이 하시더라고요. 블런트 가위를 잘 사용하신다면 굳이 숱 가위를 사용할 필요는 없지만, 그렇지 못한 분들은 숱 가위가 아주 유용한 아이템이 될 수 있으니 상황에 맞게 잘 사용하시길 바랍니다.

　얼굴은 기본적으로 동그란 원형 모양이라고 생각하시면 됩니다. 그 안에 머즐 부위는 옆으로 누운 타원형이 들어가 있는 거죠. 얼굴 털의 길이는 대게 몸 털의 길이에 맞춰 진행합니다.

전체 클리핑을 한 아이들이라면 눈꼬리 옆으로 약 1cm 정도 여유를 두고 컷을 하긴 합니다.

하지만 이는 절대적인 것은 아닐뿐더러 저의 스타일이기도 하고, 여러 가지 상황에 따라서도 바뀔 수 있으니 본인만의 기준을 잡으셔야 합니다.

얼굴 시저링 - 귀 라인에 맞춰 45도

첫 번째, 머즐을 잡고 얼굴을 밑으로 내려놓은 상태에서 머리 부분의 털을 반으로 가르고 옆(양쪽 귀)으로 빗겨줍니다. 그리고 귀 시작점을 기준으로 두고 넘어온 머리털을 45도 각도로 한 번 잘라냅니다. 이 과정은 양쪽 모두 동일하게 진행해 주셔야 합니다.

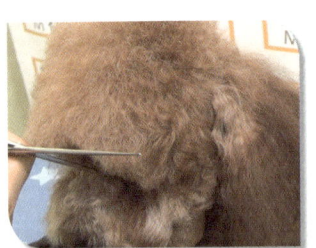

얼굴 시저링 - 앞머리 털 역시 45도

두 번째, 머즐을 잡아 얼굴을 고정시키고 정면을 보게 한 다음 다시 머리 부분의 털을 얼굴 앞쪽으로 모두 쓸어내려 줍니다. 눈앞에서 가위를 기울여 45도 각도로 시저링 합니다.

세 번째, 양쪽 귀를 뒤로 젖혀서 손으로 잡고 얼굴을 고정합니다. 그리고 얼굴 양쪽의 털을 원하는 길이보다 조금 더 여유를 두고 일자로 칩니다.

네 번째, 한 손으로 얼굴 전체를 감싸듯이 잡고 정면을 본 다음 턱의 털을 일자로 자릅니다. 턱의 털은 짧을수록 귀여움이 배가되고, 위생에도 도움이 된다는 점 참고하시고요.

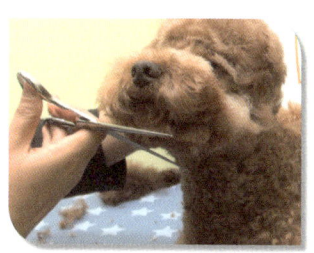

얼굴 시저링 - 턱 털은 일자로

턱의 끝점 잡는 법도 알려드릴게요. 턱을 들어 올려 보면 억센 수염이 보이실 텐데요. 목 쪽으로 난 마지막 굵은 수염이 턱의 끝이라고 보시면 되고요. 이 수염을 기준점으로 잡으시면 됩니다.

여기까지는 가이드라인을 잡는 작업이었습니다. 이제 모양내기를 해봐야겠죠.

다섯 번째, 머리털을 콤 브러시로 모두 세워줍니다. 앞쪽부터 뒤로 가면서 손을 굴려주시면 되는데요. 등 부분 시저링 때처럼 반으로 나눠 진행을 해주시면 모양 잡기가 수월하실 거예요.

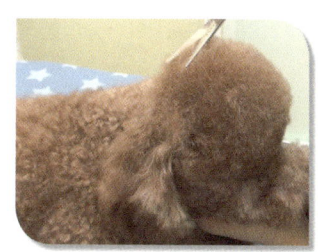

얼굴 시저링 - 손을 굴려 둥글게

여섯 번째, 머리 부분의 모양 잡기가 끝나면 그 길이에 맞게 목 등 부위도 정리를 해 주세요. 뒤통수부터 목 등을 지나 등 부분까지 모두 자연스럽게 곡선을 그리며 연결시켜줍니다.

일곱 번째, 얼굴 양옆의 털은 원하는 길이로 시저링하고 끝부분에서 목털과 잘 이어지도록 연결해 줍니다.

얼굴 시저링 - 턱도 둥글게

여덟 번째, 턱은 앞에서 봤을 때 살짝 둥근 모양이 되어야 합니다. 입술 쪽으로 갈수록 짧게 치면 모양이 잡힐 거예요. 턱 아래쪽은 앞의 라인에 맞게 맞춰서 정리만 해 주시면 끝이 납니다.

아홉 번째, 턱에서 얼굴 옆 라인까지는 옆에서 봤을 때 둥그스름한 'ㄴ'자가 되면 됩니다. 각이 살아 있게 되면 네모처럼 보일 수 있으니 이 부분은 꼭 둥그렇게 다듬어 주셔야 해요.

얼굴 시저링 - 윗 입술 라인 정리

열 번째, 윗입술 라인을 따라 머즐 앞쪽을 다듬어 주시고 앞쪽 털을 옆으로 코밍해서 세워주세요. 그러고 나서 잡아 놓은 얼굴 라인보다 길게 나온 털들을 다듬어 주시면 됩니다.

　말씀드렸듯이 머즐은 옆으로 누운 타원형임을 다시 한번 상기해 주세요. 머즐 앞쪽 털을 너무 짧게 자르면 모양이 망가지므로 최대한 길게 한 다음에 전체적인 얼굴 모양에 맞춰 다듬어 주시면 됩니다.

　열한 번째, 눈앞의 털은 콤 브러시로 잘 빼내어 세워줍니다. 눈앞에서 시작해 콧등을 타고 가위를 굴려주며 최대한 짧게 잘라주어 시야를 가리는 털이 없게 해주세요.

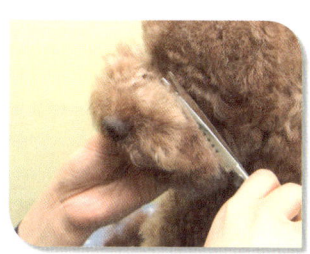

얼굴 시저링 - 눈 앞 털 정리

　귀털은 짧은 상태라면 귀 라인에 맞게 잘라주시면 되는데요. 귀 끝 라인에 바짝 붙여서 자르실 거라면 손으로 귀 끝을 보호한 상태에서 손가락 라인을 따라 잘라주시면 사고를 방지할 수 있습니다.

귀 시저링 - 손으로 귀 끝 보호

　귀털이 긴 상태라면 취향에 따라 일자나 둥그렇게 잘라 주시면 됩니다.

　이때 가위를 정석으로 쓰게 되면 털의 길이가 다 달라서 층이 생기는 것을 보실 수 있을 거예요. 이것을 방지하려면 가위를 비스듬히, 안쪽으로 45도 정도로 꺾어서 자르시면 됩니다.

 얼굴 & 귀 key point

1. 얼굴의 전체적인 형태는 둥근 원형!
2. 머즐은 옆으로 누운 타원형!
3. 턱과 얼굴 옆 라인 연결도 둥그스름하게!

Chapter 5
반려견 의료정보

함께 하는 시간 동안
아픔 없이 행복하게 살 수 있는
최소한의 노력

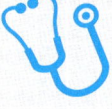

중성화 수술

   중성화 수술을 해야 하는지 아니면 하지 않아도 되는지에 대한 많은 논란이 있습니다. 중성화 수술에 대한 찬반의 근거 자료들도 충분한 상황입니다. 그렇기 때문에 어느 하나를 짚어 옳은 주장이라고 말씀드리기는 어렵습니다.

   사실 들개처럼 밖에서 자연스럽게 교배를 하고 새끼도 많이 낳는 개들에게는 관련 질병이 발생할 확률이 낮아집니다. 이에 비해 집에서 크는 아이들은 발병률이 훨씬 높습니다. 이밖에도 질병의 발생에 원인이 되는 요소들은 여러 가지가 있지만 기본적으로 우리가 도시 생활을 하면서 강아지를 한두 마리 키우시게 된다면, 수의사로서 제 의견은 중성화를 시켜주시는 것이 좋다고 말씀드립니다.

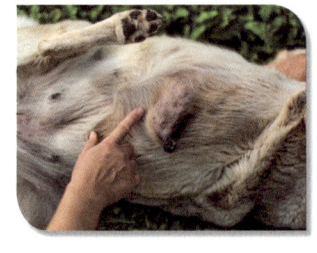

　가장 큰 목적과 이유는 질병에 대한 예방입니다. 그렇다면 중성화 수술로 인해 예방할 수 있는 질병이 무엇이 있을까요?

　예방할 수 있는 주요 질병 중 첫 번째로 말씀드릴 것은 자궁축농증입니다. 또 다른 한 가지는 유선 종양이라는 질병입니다. 암컷의 경우는 이 두 가지 질병이 중성화 수술로 크게 예방이 됩니다. 수컷도 중성화 수술이 되지 않은 경우라면 특히 노령견이 되었을 때 전립선 비대증이 많이 발생합니다. 그렇게 되면 전립선 비대증으로 인해 소변을 볼 때 피가 나고, 소변을 자주 보는 증상이 나타납니다. 그래서 앞서 말씀드린 질병으로 인해 나이를 먹고 중성화 수술을 하는 경우도 종종 있습니다.

　암컷의 중성화 수술의 경우 수컷보다 수술 자체도 더 까다롭고 비용도 더 많이 듭니다. 그런데 말씀드린 유선 종양 같은 경우에는 첫 생리 전에 중성화 수술을 하시면 거의 100%에 가까운 질병 예방 확률을 가지게 됩니다. 하지만 첫 생리 시기를 놓치면 그만큼 질병 예방 확률도 떨어지게 됩니다. 이렇게 세 번, 네 번 이상의 생리를 한 후에 중성화 수술을 하시면 유선 종양의 예방 효과는 없다고 보셔야 합니다. 그렇기 때문에 만약에 보호자께서 중성화 수술을 고려하고 계신다면 최대한 일찍 중성화 수술을 진행하시는 것이 좋습니다.

자궁축농증은 자궁 안에 피와 고름이 쌓이는 질병입니다. 이 자궁축농증은 호르몬의 교란 때문에 발생하게 되고 대부분 생리가 끝난 후 한두 달 사이에 발병합니다. 자궁축농증의 무서운 점은 발병되면서 급속도로 번식하는 박테리아가 핏속으로 넘어가면 패혈증이 생길 수 있다는 점입니다. 패혈증이 발생하면 수술을 아무리 잘한다고 하더라도 30%에 가까운 높은 치사율을 보입니다. 공교롭게도 이 병은 아이들이 어릴 때보다 노령견이 되었을 때 발병 확률이 높습니다.

성적인 욕구를 해결하지 못하는 것도 아이들에게는 상당한 스트레스입니다. 그런 스트레스에 대한 대안과 더불어 새끼를 낳게 하실 목적이 없고, 아이들이 건강하게 끝까지 잘 살기를 바라신다면 중성화 수술을 하시는 것을 추천해 드립니다. 중요한

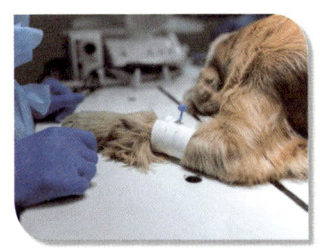

것은 '우리 아이들이 수술을 하느냐', '하지 않느냐'가 아닌 '얼마나 행복하게 살 수 있느냐', 그리고 '건강하게 살 수 있느냐'. 이런 것들이 판단 기준이 되면 좋을 것 같습니다.

중성화 수술 key point

1. 중성화 수술의 가장 큰 목적은 질병 예방입니다.
2. 중성화 수술을 계획하셨다면 첫 생리 전에.

사료 급여

　처음 강아지를 키우시는 분들이 많이 하시는 질문 중 하나가 '우리 아이에게 사료를 얼마나 먹여야 하나요?'입니다. 일반적으로 다 아실 것 같지만 뜻밖에도 사료 배급에 대해 모르시는 분들이 상당히 많이 계십니다.

　사료 배급의 기본적 원리는 간단합니다. 나이가 어린 아이들은 장의 기능이 제대로 발달되어 있지 않기 때문에 사료를 조금씩 자주, 여러 번 주시는 것이 좋고, 아이가 다 성장하면서 사료의 양은 점차 늘리면서 급여 횟수는 줄이는 것이 기본적인 원칙입니다.

　아이가 생후 2개월 이전의 새끼일 때는 일정 기간 어미의 모유로 생활합니다. 후에 사료를 먹게 되는데, 이때 사료를 너무 많이 먹는다고 걱정하시는 분들이 계십니다. 어린아이들은 체중보다 사료를 많이 먹습니다. 보통 하루 급여량이 체중의 7~8%에 달합니다. 그러므로 아주 작은 아이라고 할지라도 배가 통통하게 튀어나오게 되고 이런 현상은 정상적인 것입니다. 그렇기 때문에 처음에는 하루에 적어도 4시간 간격으로 조금씩 자주 사료를 먹여주시는 것이 좋고, 성장이 모두 끝난 후에는 아이의 몸무게의 2~3.5%의 사료를 공급해 주시는 것이 좋습니다.

하지만 키우는 아이들 견종에 따라 체중이나 크기 등이 다양한 만큼 소형견과 대형견의 사료 급여량은 같을 수가 없습니다. 소형견의 경우 하루에 먹는 양도 많지 않고, 성견이 되어서도 여러 차례 급여를 하실 필요는 없습니다. 하루에 한두 번 정도 아침, 저녁으로 주시면 충분합니다. 반면에 대형견의 경우는 이야기가 조금 다릅니다. 대형견들은 성장 기간도 늦고, 먹는 양도 많기 때문에 한두 번의 사료 급여로는 양이 많이 부족합니다. 최소 3번 정도는 사료를 주시는 것이 좋습니다.

현재 사료의 종류는 아주 많습니다. 유기농 사료도 있고, 홀리스틱, 프리미엄 사료같이 여러 가지 사료가 많이 있는데 기본적으로 사료의 형태로 나누어 봤을 때 건식사료와 습식사료로 볼 수 있습니다. 그 외에도 최근에는 많은 분이 생식을 만들어 주신다거나 화식을 만들어 주시는 등 여러 가지 방법으로 급여를 하고 계십니다.

이때 생식이나 화식의 경우는 조심해야 할 부분이 있습니다. 생식과 화식은 비전문가들이 직접 하기에는 영양학적으로 좋은 방법은 아니라고 생각합니다. 이런 아이들의 혈액을 검사해보면 영양 불균형이 나타나는 경우가 종종 있습니다. 아무리 좋은 음식이라고 하더라도 영양의 균형이 맞지 않는다면 아이들에게 다른 방면으로 무리가 될 수 있으므로 보호자의 영양학적인 지식이 많이 요구된다는 것을 알아두셨으면 좋겠습니다.

아이들이 자라면서 생후 6개월 정도가 되면 중성화 수술을 시키시는 분이 많이 있습니다. 여기서 문제는 중성화 수술을 한 다음에 많은 아이에게 비만이 찾아온다는 것입니다. 이유는 간단합니다. 중성화 수술 후에는 몸에서 분비되는 호르몬의 변화가 생기기 때문에 식욕이 왕성해집니다.

중성화 수술을 받기 전의 아이가 100%라는 에너지를 소모했다면, 중성화 수술 이후에는 70% 정도밖에 에너지를 소비하지 않습니다. 그래서 중성화 수술 이후에도 동일한 양의 사료를 계속해서 공급해 주신다면 아이에게 30%의 영양을 더 주시는 것과 같습니다. 물론 아이의 활동량이 많다면 충분히 에너지를 소비하기 때문에 별다른 문제가 생기지 않지만 그렇지 않은 경우라면 사료의 급여량을 신중히 결정하셔야 합니다.

아이에게 사료를 먹이다 보면 다른 사료가 더 괜찮은 것 같아서, 혹은 아이가 사료를 먹지 않아 다른 사료로 바꿔주시는 경우가 있습니다. 그런데 이때 아이들에게서 많이 나타나는 증상이 바로 설사입니다. 그래서 놀란 마음에 병원에 내원하시는 분이 많습니다. 사실 이런 증상은 보호자가 약간의 상식만 알고 있다면 충분히 예방이 가능하고 위험한 상황도 아닙니다.

이런 사료 교체에 의한 설사 증상 예방은 간단합니다. 아무리 좋은 사료라도 갑자기 먹게 되면 아이의 장이 새로운 사료를 받아들일 준비가 되어 있지 않기 때문에 소화력이 떨어지게 됩니다. 그래서 기본적으로 기존 사료와 새로 바꿀 사료를 섞어서 먹여주셔야 합니다.

1일 ~ 2일 차	기존 사료 75% + 새로운 사료 25%
3일 ~ 4일 차	기존 사료 50% + 새로운 사료 50%
5일 ~ 6일 차	기존 사료 25% + 새로운 사료 75%
7일 차 ~	새로운 사료 100%

위의 표와 같은 비율로 섞어서 급여해주시면 대부분의 경우는 별다른 문제 없이 새로운 사료로 안전하게 옮겨 가실 수 있습니다.

어떤 사료든 포장지 뒷면을 보시면 적정 사료 급여량이 적혀있습니다. 그 용량만 잘 지켜주셔도 별다른 문제는 없습니다. 그리고 추가로 한 가지 더 말씀을 드린다면, 바로 간식입니다. 간식은 먹기도 좋고 맛도 있어서 아이들이 아주 좋아합니다. 간식을 너무 많이 먹는 아이들은 사료를 덜 먹고 지나친 경우에는 사료를 먹지 않게 됩니다. 간식에는 모든 영양이 골고루 들어 있지 않습니다. 결국 영양 불균형 상태가 되기 때문에 간식은 훈련이나 보호자의 목적에 따라 조금씩만 주시기 바랍니다. 절대 간식 위주의 급여 형태는 피하세요!

좋은 사료의 기준은 간단합니다. 유기농 사료, 홀리스틱 같은 사료들이 좋은 사료라기보다는 아이들이 잘 먹고, 건강하고, 변도 잘 보고, 탈이 없는 사료가 좋은 사료라고 생각합니다. 여러분의 아이들에게 맞는 적절한 사료를 공급하셔서 건강하게 오래오래 행복하게 함께하시길 바랍니다.

사료 급여 key point

1. 젖을 뗀 아이들의 왕성한 식욕은 지극히 정상적!
2. 사료 교체는 단계적으로 적용하기!
3. 간식은 보호자의 목적에 맞게! 남용 금지!

눈물 자국

많은 분이 아이들의 눈물 자국 때문에 고민합니다. 그리고 저도 진료하는 입장에서 많이 고민됩니다. 눈물 자국이 생기는 것은 아시다시피 눈물이 많이 나기 때문인데, 그 원인은 정말 다양합니다.

왜 눈물이 많이 날까요? 간단한 원리로 생각해보겠습니다. 눈물은 생성이 되면 빠져나가는 길이 있습니다. 그 길은 코와 연결되어 있습니다. 사람의 경우를 봐도 눈물을 흘리면 콧물이 같이 나옵니다. 말씀드렸듯이 눈과 코에는 서로를 연결하는

관이 있습니다. 그래서 눈에서 눈물이 나면 코로도 함께 배출되는 것입니다. 눈물이 많이 난다는 것은 눈에서 코로 이어지는 관이 제대로 형성되지 않았거나, 막혀 있다는 뜻입니다. 막히는 이유는 염증이 생겼거나, 선천적으로 좁을 경우에 코의 관으로 빠져나가지 못해 밖으로 흘러내리는 것입니다.

이런 경우와 더불어 어린 강아지들에게 많이 나타나는 것은 알레르기와 비슷한 면역 과다 반응입니다. 강아지들은 제3안검이라고 하는 세 번째 눈꺼풀이 있습니다. 이 제3안검을 뒤집어 보면 그 안쪽에 면역 과다 반응에 의해서 수포처럼 부풀어 오른 경우도 있습니다. 이럴 때도 눈물이 과다하게 생성되므로 눈물이 많아지는 원인이 됩니다. 또한 식이성 알레르기에 제일 먼저 반응을 하는 것이 눈과 귀입니다. 이 경우에도 눈물이 과다하게 나오기도 합니다.

이런저런 이유로 인해 눈물이 나오게 될 때 특히나 흰색의 털을 가진 아이들은 눈 주위에 자국이 많이 남게 됩니다. 이 눈물 자국이 진한 밤색으로 눈 주위에 남기 때문에 외관상으로도 좋지 않지만, 눈물의 양이 많기 때문에 눈물로 인해 젖은 부분에 박테리아나 다른 병균들이 번식할 수 있고, 병균들로 인한 염증 유발 가능성이 높다는 점도 주의해야 합니다. 또 그 외에도 여러 문제가 발생할 수도 있습니다.

눈물이 많이 나는 이유를 어떠한 한 가지 이유로 단언하여 말씀드리기는 어렵습니다만, 그럼에도 눈물이 많이 나는 원인을 찾는 것이 중요합니다. 만약에 눈물이 나는 이유가 식이성 알레르기 때문이라고 한다면 먼저 그 알레르기의 원인을 파악하고 원인이 되는 음식의 공급을 중단해 주셔야 할 것입니다. 또, 코의 관이 막혀 있을 경우에는 누관 개통 수술을 할 수도 있을 것입니다. 제3안검에 수포가 발생한 것이라면 수포를 긁어서 터트려주고 안약을 쓰면 치료가 되는 경우도 있습니다.

 하지만 이런 치료를 다 했는데도 여전히 눈물이 많이 나는 아이도 있습니다. 일단 보호자께서 하실 수 있는 일은 원인이 무엇인지 알고 제거하는 것이므로 시중에 있는 눈 영양제, 눈물 자국 제거 약, 효소 제품, 눈 주위에 바르는 파우더 등을 하나씩 사용해 보시는 것도 좋은 방법입니다. 왜냐하면 우리 아이에게 어떤 방법이 맞는지는 모르는 일이기 때문입니다. 실제로 저도 진료를 하면서 보호자들께 '이것이 맞는 방법이다'라고 한 번에 확진할 수 있는 경우는 많이 없었습니다. 흘러내리는 눈물은 자주 닦고 청결하게 유지해 주신다면 아이들의 건강에 큰 영향을 주지는 않습니다. 그래도 걱정될 때는 동물병원에 내원하시면 여러 가지 방법을 제시해 줄 것입니다. 한 번에 안 됐다고 포기하지 마시고, 더불어 말씀드린 여러 가지 방법을 시도해 보시는 것을 추천해 드립니다.

눈물 자국 key point

1. 눈물의 원인은 다양합니다!
2. 동물병원과 충분한 상담 후 아이에게 맞는 처방법을 찾으세요!
3. 청결함 유지는 중요!

심장사상충

심장사상충은 아주 위험한 질병입니다. 특히 여름철 모기를 통해 전염되는 병이기 때문에 이 시기에는 꼭 예방을 해주셔야 합니다. 또한 많은 분이 겨울철에는 모기가 없어 예방을 하지 않으시는데 겨울철이라고 해서 위험이 완전히 사라지는 것은 아닙니다. 요즘은 모기들이 지하실 등 여러 곳에 숨어 있습니다. 서울을 포함한 대도시, 신도시에서도 심장사상충의 위험은 예외는 아닙니다. 특히 넓은 자연환경을 가진 외곽지역이라면 모기로 인해 심장사상충이 많이 나타납니다.

그렇기 때문에 지역과 상관없이 모기가 많이 없더라도 심장사상충 예방은 꼭 필요합니다. 이런 위험성에 대해서 절대 간과해서는 안 됩니다. 만약 심장사상충 예방을 오랫동안 하지 않았다면 병원에서 사전 검사를 하고 심장사상충 예방을 하게 되어 있습니다.

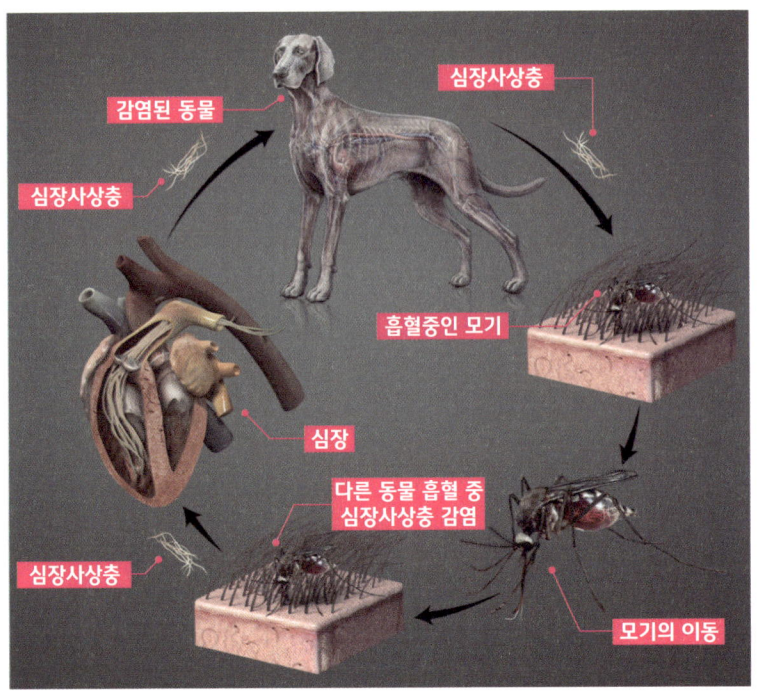

　심장사상충이라는 것은 모기가 매개체가 되어 전파됩니다. 모기가 감염된 개나 고양이에게서 피를 빨아들일 때 그 피 속에 있던 유충이 피와 함께 모기에게 들어가게 됩니다. 모기가 그 유충을 몸에 가지고 있다가 다른 동물의 피를 빨 때 그 유충이 다른 동물의 몸으로 들어가 핏속에서 흘러 다니다가 성충이 될 때 실처럼 가느다란 벌레가 심장 안에 살게 되는 것입니다.

　심장사상충은 아주 위험한 기생충입니다. 심장사상충은 약을 쓰기 전에 먼저 검사를 받아야 합니다. 왜냐하면 그냥 약을 써서 심장사상충을 죽일 경우 심장에서 죽은 심장사상충이 떠내려가서 폐의 큰 동맥들을 막을 수 있기 때문입니다. 이때 자칫 잘못하면 사망에 이르는 경우도 있습니다. 그래서 이렇게 위험한 심장사상충은 예방이 최선입니다.

　심장사상충에 감염됐을 때 나타나는 증상을 알아보겠습니다. 보통 심장에서 벌레의 개체 수가 늘어나면 심장의 혈관을 막을 수 있습니다. 처음에는 아무 증상이 나타나지 않지만 점차 기침, 호흡곤란의 증상이 나타나며 심하면 배에 복수가 차기도 합니다. 또한 일반적으로 체중감소, 식욕부진 같은 증상도 나타날 수 있으므로 어떠한 한 가지 증상만으로 심장사상충을 판단하기는 조금 어렵습니다. 심장사상충은 간단한 검사로도 금방 알 수 있습니다. 한 달에 한 번씩 심장사상충 예방은 필수입니다.

　심장사상충 예방은 어떤 절차로 진행이 되는지 알아보겠습니다. 먼저 심장사상충 예방약은 먹는 약과 바르는 약이 있습니다. 먹는 약의 경우 심장사상충 외에 내부기생충도 예방할 수 있습니다. 또한 바르는 약의 경우 외부 기생충도 같이 예방될 수 있다는 장점이 있습니다.

　저희 병원 같은 경우는 여름철, 겨울철에 따른 예방 방법을 달리하고 있습니다. 여름철에는 사상충뿐만 아니라 야외 활동 시 달라붙는 진드기나 여러 외부 기생충에 노출이 많이 되므로 심장사상충과 진드기를 동시에 예방하시는 것이 중요합니다. 겨울철은 아무래도 외부 기생충의 위험은 줄어들기 때문에 여름철과는 다른 예방 방법을 적용합니다.

심장사상충 예방은 한 달에 한 번 먹는 약과 일 년에 한 번 주사를 놓는 방법이 있습니다. 어느 예방법이 더 유용한지는 필요나 환경에 따라서 보호자께서 선택하시면 됩니다. 최근에도 주변 분들을 통해 심장사상충에 감염되었다는 소식을 듣습니다. 가장 기본적인 것들만 잘 지켜주신다면 아이들의 건강은 잘 유지할 수 있습니다. 거주지가 어디든 너무 안심하지 마시고 꼭 심장사상충 예방을 정기적으로 해주시는 것이 아주 중요합니다.

심장사상충 key point

1. 심장사상충 의심 증상이 보이면 가까운 동물병원에 내원하세요!
2. 정기적으로 심장사상충 예방 필수!

구충제

강아지를 분양받아서 처음 집에 데리고 왔을 때 설사를 하는 아이들이 많이 있습니다. 설사와 같은 증상에는 여러 가지 원인이 있습니다. 예를 들어 입양 전에 먹던 사료와 지금 사료가 다른 것이 원인이 될 수 있지만 기생충이 원인이 되는 경우도 있습니다. 기생충에는 우리가 흔히 알고 있는 회충, 요충 등이 있습니다. 기생충 감염은 어린아이들에게는 간과될 수 없는 중요한 질병입니다. 어린 나이에는 심하면 기생충 감염으로 목숨을 잃을 수도 있습니다. 그렇기 때문에 아이를 입양하시면 꼭 병원에 들러서 구충제 처방을 받으시는 것이 좋습니다.

기생충은 크게 회충과 같은 내부 기생충과 진드기와 같은 외부 기생충으로 나눌 수 있습니다. 여름철에는 산책도 많이 하고, 잔디

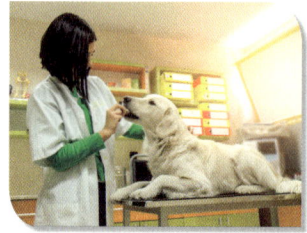

밭에서 뛰어놀게도 하고, 산에 데리고 가는 등 야외 활동을 많이 하기 때문에 확률적으로 감염의 비율이 높습니다. 특히 우리나라와 같이 여름철이 고온다습한 기후에는 진드기 같은 것들이 번식하기에 아주 좋은 조건입니다. 산이나 잔디밭 같은 진드기가 많은 곳에 다녀오신 다음에는 아이의 몸을 꼼꼼히 살펴보시고 참빗과 같은 촘촘한 빗으로 빗겨주시는 것도 좋은 방법입니다.

예방법은 각각의 병원마다 선호하는 방법이 다를 수 있기 때문에 보호자께서 키우시는 아이의 상황에 맞게 예방 일정과 정보를 찾아보실 수 있으므로 내원하시는 병원과 협의를 하셔서 적절한 예방을 하시길 바랍니다.

구충제 key point

1. 반려견 입양 시 반드시 병원 방문 후 질병 검사를 해주세요!
2. 내원하시는 병원과 협의 후 구충제 투약 계획을 세우세요!
3. 여름철 야외 활동 후 추가로 할 일은? 촘촘한 빗으로 진드기 확인!

약 먹이기

아이들이 크다 보면 약을 먹여야 하는 경우가 종종 생깁니다. 약을 먹일 일이 없으면 좋겠지만, 여름철 설사, 피부병 같은 증상 때문에 약을 먹이게 되는 경우가 많습니다. 그런데 종종 약을 거부하는 아이들이 있습니다.

아이들이 먹는 약의 종류에는 여러 가지가 있습니다. 저는 아이들에게 먹이는 약의 맛을 조금씩 보는 편인데요. 특히 항생제 같은 종류의 약은 굉장히 쓴맛이 납니다. 쓴 약은 강아지들 역시 아주 싫어합니다. 제가

본 아이 중 가루약을 펴주면 자기가 알아서 핥아먹는 아이도 있긴 했습니다만, 이것은 아주 특이한 경우이고 대부분은 그렇지 않죠.

 가장 일반적인 방법은 약봉지에 물을 조금 넣고 물약을 만드셔서 바늘이 없는 일회용 주사기에 넣는 것입니다. 그다음 송곳니 뒤편에 이빨이 없는 작은 공간을 통해 투여하시면 좋습니다. 하지만 이 방법이 통하지 않는 아이들도 많습니다. 그럴 때는 아이들이 좋아하는 간식이나 습식사료 등에 숨겨서 주시면 음식의 맛 때문에 큰 거부감 없이 약을 먹을 수 있습니다.

 그러나 이마저도 통하지 않는다면 다른 기발한 아이디어로 약을 먹일 수 있습니다. 예를 들어 단맛이 나는 꿀에 가루약을 섞어서 주실 수도 있고, 영양제에 섞어 주시는 방법도 있습니다. 이런 경우는 걸쭉한 형태가 되기 때문에 손가락을 이용하여 입천장에 발라 주시면 입에 뭔가가 들어오게 되니 자동적으로 핥아먹게 됩니다.

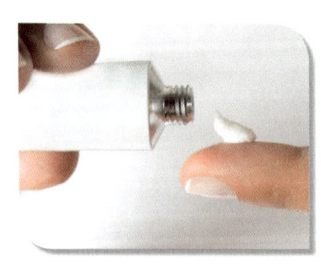

 또 다른 방법도 소개해 드리자면, 식탐이

강한 아이들은 보호자가 약을 혼자 몰래 먹는 척을 하면 관심을 보일 수 있습니다. 이렇게 호기심을 유발한 상태에서 슬쩍 바닥에 떨어뜨리면 그걸 주워 먹는 아이들도 있습니다.

 이렇게 약을 먹이는 방법은 다양하게 있지만 중요한 것은 다음번에 약을 먹이실 것까지 고려해서서 아이들이 거부감을 보이지 않는 최선의 방법을 선택해 주셔야 한다는 것입니다.

약 먹이기 key point

1. 최대한 거부감이 들지 않는 방법을 선택해 투약하세요!
2. 평소에 좋아하는 사료나 간식에 섞어서 약을 먹여보세요

이로운 음식, 해로운 음식

병원에 내원하시는 이유 중 많은 케이스 중 하나가 음식을 잘못 먹여서 탈이 나는 경우입니다.

한 가지 사례를 말씀드리면, 심한 경우 강아지에 대한 이해가 없는 분에게 아이를 맡기셨다가 그곳에서 사람 음식을 먹고 사흘 만에 사망하는 일도 있었습니다. 대부분의 보호자들께서는 이런 문제에 대해 인터넷으로 많이 검색을 해보시고 관심 있게 주의를 기울이시기 때문에 큰 문제는 없지만 그럼에도 불구하고 일부 아직도 제대로 모르고 계신 분들이 있는 것 같습니다. 이런 사례를 통해 강아지에게 주는 음식이 얼마나 중요한지 많이 생각해보셔야 합니다.

제일 좋은 것은 간식이나 기타 여러 가지 음식을 많이 주지 않는

것입니다. 사료만 주시고, 간식은 믿을 수 있는 것으로 가볍게 주신다면 음식으로 인해 아이들에게 나쁜 영향을 주는 일은 없을 것입니다. 이렇게만 돌봐 주셔도 손쉽게 아이들의 건강을 유지하실 수 있습니다.

 일반적으로 우리가 먹는 음식 중에 아이들에게 위험한 것은 그 종류가 매우 많습니다. 그중 제일 먼저 소개해 드릴 것은 커피입니다. 이것과 관련된 내용이 여과 없이 방송에도 나오고 '우리 강아지는 커피를 잘 마셔요. 커피를 좋아해요'라며 자랑하시는 분도 있습니다. 커피는 카페인으로 인해 심혈관 계통의 장애를 발생시키기 때문에 아이들에게 아주 위험한 음식입니다.

 또한 많이들 알고 계시는 초콜릿, 자일리톨껌도 아이들에게 아주 해롭습니다. 그리고 포도가 해롭다는 것도 많은 분이 알고 계시리라 생각되는데요. 포도 껍질에는 특히 안 좋은 성분이 많습니다. 그래서 포도를 말린 건포도의 경우 일반 포도보다 더 위험한 음식이 됩니다.

 무엇보다도 사람이 먹는 음식을 아이들에

게 주지 말아야 합니다. 특히 한국인이 좋아하는 음식에는 대부분 마늘, 양파가 들어가 있고, 맛을 내기 위해 간이 많이 되어 있습니다. 연구 결과에 의하면 양파 5g으로 10kg의 개가 사망할 수 있다고 합니다. 양파는 아이의 적혈구를 파괴하기 때문에 적혈구 감소로 빈혈이 생기고 그 결과 심하면 사망에 이르게 되는 것이죠.

과일을 먹이시는 분들도 상당히 많습니다. 과일 자체는 크게 문제가 되지 않으나 과일 속에 있는 씨는 문제가 됩니다. 과일의 씨에는 독성이 있기 때문에 특히나 씨의 껍질이 깨져 있는 상황이라면 주의를 하셔야 하고, 꼭 씨를 제거한 후 주셔야 합니다. 사과나 파인애플의 경우 먹어도 되는 음식이지만 산성 계열의 과일이기 때문에 과한 섭취는 소화기 장애가 발생할 수 있습니다.

맥주 효모나 마늘의 경우 극소량이라면 아이들의 건강에 도움이 되지만 과하면 독이 됩니다. 이처럼 먹어도 되는 음식의 경우라도 그 양이 과하면 탈이 날 수 있으므로 적당한 것이 좋습니다. 새끼 때부터 노령견이 될 때까지 평생 조심해야 할 부분이므로 많이 신경 써주시면 좋겠습니다.

먹을 수 있는 음식

과일	장미 열매	비타민C 다량 함유
	살구	혈액 형성, 입맛 돋우며 이뇨작용에 도움
	사과	높은 팩틴의 함량으로 설사 회복식에 사용
	사과 식초	위 치료에 도움(과산화 주의)
	파인애플	위 치료에 도움(과산화 주의)
	키위	면역성 강화 (비타민 C 함량), 이뇨작용 도움
	귤, 오렌지	면역 강화(단, 파인애플, 키위, 귤 등은 산 함량이 높으므로 완전히 익은 것을 아주 가끔씩 주어야 함.)
	무화과	단백질과 지방 소화에 도움
	복숭아, 천도복숭아	피를 맑게 해주며 이뇨작용, 신진대사 조절, 소화 그리고 신장에 도움
	자두	소화촉진
	크랜베리	항균 작용, 적당한 양 복용 시 방광염 예방, 과다 복용 시 설사 유발
	블루베리	변비, 독소를 빼주는 작용, 혈액 형성에 도움
	그 외 좋은 과일	배, 멜론(껍질 제외), 체리(씨 조심), 감(껍질 제외), 산딸기 등
익혀서 먹이는 음식	감자, 고구마	탄수화물, 단백질, 식이섬유, 나트륨, 칼륨, 비타민(A, B, C) 함유. 단 작은 덩이로 줄 것.
	콜리플라워, 빨간 배추, 브로콜리	소화에 매우 예민하여 가스가 찰 수도 있음. 주의 필요.
	콜라비	미네랄, 비타민 C 다량 함유.
	콩	아주 적은 양을 줄 것. 가스를 유발할 수도 있음.
	비트	면역력 촉진, 입맛을 돋움.
	아스파라거스	방광염에 좋음.
	그 외	호박, 버섯, 옥수수도 익혀서 먹일 수 있음. 송아지 고기, 닭고기, 양고기(위와 장은 주지 말 것), 토끼(내장은 주지 말 것), 사슴(장 부위는 주지 말 것), 송아지 뼈, 양 뼈, 송아지 간, 가금류 간, 생선

분류	식품	설명
날것으로 먹이는 음식	시금치	요결석 발생주의, 아주 적은 양만 줄 것.
	쇠비름	비타민 C 다량 함유(면역력 강화), 쇠비름잎 차는 속 쓰림, 방광, 신장 문제에 도움을 줌. 혈액 정화.
	그 외	오이, 파슬리도 날것으로 먹일 수 있음.
말려서 먹이는 음식	송아지고기	–
	닭고기	–
	양고기	–
	생선	–
유제품	버터 우유, 발효 우유, 요구르트, 크림치즈	–
탄수화물	곡물	글루타민 프리, 혼합 곡물 추천(영양소 많음)
	메밀	글루타민 프리, 식물 단백질 다량 함유
익혀서 먹이는 음식	밀 배아, 밀기울	글루텐 함유
	귀리 플레이크	식물 단백질 다량 함유
익혀서 or 날것으로 먹이는 음식	알로에	관절, 위장보호, 가려움증에 좋음. 알로에 젤을 보양으로 먹일 때는 1mL/kg(몸무게)
	맥주효모	바이오틴과 아연의 다량 함유로 피지 형성에 도움을 줌. 비타민 B와 미네랄 다량 함유. 단, 간질 있는 강아지에게는 절대 금지.
	그 외	꿀, 달걀(익힌 것, 익히지 않은 것 둘 다 좋음. 단 살모넬라 조심), 늙은 호박, 땅콩기름, 올리브기름, 빵(마른 빵)

먹으면 안 되는 음식

먹이면 치명적인 음식	양파, 마늘, 명이나물, 부추, 파 종류	황섬유 → 적혈구 파괴. 생것, 익힌 것 모두 해로움. 증상 : 혈뇨, 황달.
	아보카도	씨와 과육에 Persin → 심장근육 손상이 올 수도 있음. 양에 따라 증상의 차이를 보임. 증상 : 호흡곤란, 심장 박동 촉진, 물 배
	포도, 건포도	옥살산 → 신장 손상. 생것, 익힌 것 모두 해로움. 증상 : 구토, 무감각, 신장 손상.
	생돼지고기, 뼈	오제스키 바이러스 → 치료 불능 증상 : 신경적인 증상 → 경련, 거품, 본성의 변화, 발작. 덜 익힌 것도 위험함.
	초콜릿, 카카오	테오브로민 → 카카오 함량이 많을수록 위험 90~250mg/kg(몸무게) → 사망 증상 : 호흡곤란, 심장 박동 촉진, 설사, 경련, 혈액순환 장애, 떨림, 구토.
	씨 과일	날카로운 씨 → 장점막 손상. 장폐색 증상 : 심한 구토와 설사, 경련, 호흡곤란.
	술(알코올)	알코올 → 만성 간질환과 신장 손상. 증상 : 심장 박동 촉진, 설사, 경련, 혈액순환 장애, 떨림, 구토.
	홉 (맥주 원료)	아주 적은 양도 매우 위험. 증상 : 기침, 호흡 장애, 열.
	커피(카페인)	메틸 잔틴 → 혈압 상승, 혈관 축소, 뇌신경 자극 감퇴. 증상 : 심장 순환장애, 설사, 경련
해로운 음식	생토마토, 생가지, 생감자, 생파프리카	알칼로이드 → 신경조직 파괴. 특히 껍질과 녹색 부분 덜 익은 것은 절대 먹이지 말 것. 증상 : 구토, 설사, 뇌 기능 장애.
	우유, 유당, 유제품	락토스 → 많은 개들이 흡수 효소가 없어 소화 장애 발생, 락토스 프리인 경우는 가능함. 증상 : 설사, 구토, 가스 발생.
	생완두콩, 생콩	렉틴(Phasin) 성분 → 적혈구 교착, 단백질 합성 방해, 조리에 의해 파괴되나 가스 유발로 공급량 조절 필요. 증상 : 경련, 열, 간 비대.
	자일리톨	자일리톨 → 급격한 당 수치 저하. 1g/1kg(몸무게) → 매우 위험. 증상 : 구토, 설사

	베이컨, 가금류 껍질	지방 → 대사질환 원인, 신장과 췌장 손상. 증상 : 소화 장애, 대사질환.
	익힌 뼈	가금류 뼈 절대 조심 → 뼛조각이 목에 걸림 생돼지 뼈 → 바이러스 감염 증상 : 목 또는 장에 상처와 막힘
	소금, 소금이 많은 과자	나트륨 → 일정량은 필요하지만 심장과 신장이 좋지 않은 경우 금지 증상 : 신장 장애, 위경련

이로운 음식, 해로운 음식 key point

1. 어떤 음식이든 아이에게 너무 많이 먹이는 것은 좋지 않습니다!
2. 과일의 씨는 반드시 제거해주세요!
3. 제공해 드린 음식 정보를 꼼꼼히 확인해주세요!

발정 주기는 앞서 말씀드린 중성화 시기와 밀접한 관계가 있습니다. 암컷의 발정 주기는 아이에 따라 매우 다르기는 하나, 보통 5개월에서 8개월 정도 성장하면 암컷도 발정이 시작됩니다. 특히 소형견들의 경우에는 발정이 빨리 일어납니다. 대형견 같은 경우에는 성적으로 성숙해지는 기간이나, 몸의 성장이 소형견에 비해 느립니다. 따라서 소형견과 대형견의 발정 주기는 다를 수 있습니다. 하지만 서두에 말씀을 드린 것과 같이 평균적으로 5~8개월 정도면 첫 번째 생리가 시작된다고 볼 수 있습니다.

암컷이 발정할 때가 되면 행동에도 많은 변화가 나타나게 되는데 발정 주기 여부를 겉으로 봤을 때 가장 쉽게 알 수 있는 방법으로는 외음부 부분이 부어오름을 들 수 있습니다. 아이들에 따라 부어오르는 정도는 다르지만 평소보다 분명히 더 부어있음을 확인하실 수 있습니다. 또한 발정 주기가 되면 아이들은 외적으로도 아주 부산해집니다. 아이의 이런 변화를 통해 발정 주기를 점검하실 수 있습니다.

 첫 번째 발정 주기가 오기 전에 중성화 수술을 하는 것이 좋은지, 나쁜지에 대한 말씀은 이미 드렸습니다. 중성화 수술은 질병에 대한 치료와 예방의 목적이 있습니다. 하지만 중성화 수술을 너무 급하게 진행하지는 않았으면 합니다. 발정이 오자마자 데려와서 수술을 해 달라고 하시는 분들이 계십니다. 중성화 수술이 어려운 수술은 아니지만 아이나 보호자가 모두 준비를 하셔야 하는 것이 있습니다. 발정을 하는 생리 기간에는 중성화 수술을 하지 않는 것이 좋습니다. 적어도 한 달 이상은 기다리셨다가 진행하시는 것을 권해드립니다. 중성화 수술 이후 부작용에 대해서 걱정하시는 부분도 이해합니다. 이것은 전적으로 보호자의 생각이 가장 중요하다고 생각합니다.

 아이들은 발정 주기에 맞춰 교배를 하게 됩니다. 잠깐 저의 경험담을 소개해 드리자면, 제가 어렸을 때 길에서 아이들이 교배하는 상황을 본 적이 있습니다. 교배 중에 아이들의 엉덩이가 서로 맞닿은 상황이었는데요. 이때 동네 어르신들께서 아이들을 떼어 놓으시겠다고 뜨거운 물을 붓고 깜짝 놀라게 해서 억지로 잡아 뜯는 것을 본 적이 있습니다. 절대로 이렇게 하시면 안 됩니다. 아이들은 첫 번째 교배 단계에서 마운팅을 하게 됩니다. 마운팅을 하는 시간은 짧지만 이 과정에서 첫 번째 사정을 합니다. 그리고 서로 돌아서게 되는데 이때 서로 엉덩이를 맞대고 있게 되는 것이고 이것이 두 번째 단계가 됩니다. 두 번째 단계가 첫 번째 단계보다 훨씬 깁니다. 보통 45분에서 길게는 1시간 가까이 서로 엉덩이를 붙이고 있습니다. 이때 첫 번째 단계보다 더 많은 양의 정자가 나오기 때문에 교배를 통해 새끼를 원하시는 분들은 이 두 번째 단계에서 절대로 아이들을 방해해서는 안 됩니다. 아이들에게 충분한 시간을 주시면 자연스럽게 풀어지기 때문에 이런 상황에서는 반드시 조심해 주셔야 합니다.

이렇게 교배에 성공하고 새끼를 가지게 되면 아이들은 2달(약 63일 소요) 정도 임신 기간을 갖게 되는데, 아이에 따라 이 임신 기간은 앞, 뒤로 며칠 정도 차이가 날 수 있습니다. 왜냐하면 임신의 시점과 수컷의 정자 생존 시점이 다르기 때문입니다. 수컷의 정자가 암컷의 몸에 들어가도 며칠은 생존합니다. 예를 들어 암컷의 난자가 수컷의 정자와 합쳐질 준비가 되기 며칠 전에 수컷과 교배를 하였다면 상당히 나중에 수정이 이루어지므로 전체적인 임신 기간은 길어지게 됩니다. 수정이 성공하는 것은 난자가 준비된 상태에서 정자를 만나야 가능하므로, 난자가 준비된 상태에서 늦게 교배를 시켰다면 앞선 상황과 반대로 짧은 시간에 출산이 가능할 수도 있게 되는 것이죠.

새끼를 기다리실 때는 너무 조급해하지 마시고, 교배 이후 한 달이 지나서 초음파를 통해 확인해 주시는 것이 좋습니다. 조금 더 정확한 임신 상황을 알아보시려면 X-ray를 권해드립니다. 하지만 초음파와 X-ray의 장단점이 있으므로 보호자께서 이 점을 잘 숙지하셔야 합니다. 초음파를 통해 배 속에 있는 새끼들이 잘 살아 있는지, 잘 노는지 확인할 수 있고, X-ray는 정확한 새끼의 수와 발육 상태에 대한 체크가 가능합니다. X-ray는 임신한 지 45~50일 이후에 찍는 것이 좋고, 초음파는 수정 후 대략 한 달 후에는 보실 수 있습니다.

  이렇게 임신 관리를 해주시다가 출산이 다가오면 체온계를 준비하셔서 아이의 체온을 체크해 주는 것이 좋습니다. 출산이 임박하게 되면 하루나 이틀 전부터 아이의 체온이 1도 정도 낮아지게 되는데, 하루 3회 정도 아이의 체온을 점검해 보시면 그 평균치를 보호자가 알 수 있게 되겠죠. 그렇게 되면 이런 상황을 놓치지 않을 수 있게 되고 24시간에서 48시간 후에 새끼가 나온다고 판단을 하셔도 됩니다.

  출산하게 될 때는 방해받지 않는 조용한 장소를 마련해 주시고, 심리적 안정을 취할 수 있도록 해주시는 것이 좋습니다. 아이들은 보호자의 심리상태를 그대로 읽을 수 있습니다. 걱정되는 마음에 같이 계시는 것도 좋지만 아이 곁에서 불안해하는 보호자의 모습은 절대 도움이 되지 않습니다. 그러므로 적당히 거리를 두시고 조용하고 차분하게 지켜봐 주시는 것이 좋습니다.

출산이 시작되면 잘 모르고 당황스러워서 병원을 가려고 하시는 분이 계실 수 있습니다. 간혹 제왕절개를 위해 병원으로 오시는 경우도 있기는 하지만 대부분의 아이는 새끼를 낳을 때 혼자서 잘 해결합니다.

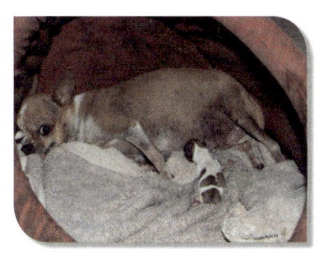

새끼를 낳는 간격은 아이들에 따라 시간적 차이가 클 수 있습니다. 짧게는 몇 분 만에 새끼들이 연달아 나오는 경우도 있지만, 길게는 3~4시간 만에 다음 새끼가 나올 수도 있습니다. 이런 출산 간격은 보호자께서 차분하게 살펴봐 주셔야 합니다. 2시간 이상 다음 새끼가 나오지 않는다면 빨리 병원에 데려가시는 것이 좋습니다. 보호자께서 안정을 유지하시고 조금 더 기다리면서 태어나는 새끼나 어미의 상황을 잘 점검해 주시고 출산이 마무리되는 시점까지 상황을 잘 주시하시기 바랍니다. 앞서 말씀드렸듯이 많은 아이들이 혼자서 출산하고 뒷정리도 깔끔하게 잘합니다. 하지만 너무 장시간 동안 진행이 되지 않는다면 그때는 꼭 병원에 방문하셔야 합니다.

출산이 끝나면 24시간 안에 새끼들이 초유를 먹을 수 있도록 도와주시는 것이 무엇보다 중요합니다. 이렇게 초유 공급까지 원활하게 이루어시고 나면 새끼에게 큰 문제는 없습니다.

한 가지 중요한 말씀을 더 드리자면, 임신 마지막 기간이나 출산 후 수유를 하는 기간은 어미에게 영양학적으로 상당한 부담이 되는 시기입니다. 새끼를 뱃속에서 키우고, 출산을 하는 것도 너무 힘든 일이지만 특히나 아이에게 젖을 물리는 것은 상당히 힘든 일입니다. 특히 수유를 시작하고 3~4주가 되면 새끼들의 수유량이 늘어나면서 어미 또한 모유량을 늘려야 하므로 평소에 쓰는 에너지의 최대 4배가 더 필요하게 됩니다. 그러므로 이 시기에는 충분한 먹이를 공급해 주셔야 합니다. 많은 에너지를 쓰는 어미에게 고단백의 충분한 음식 공급은 필수 요건입니다. 특히나 칼슘이 모자라게 되면 어미에게 심각한 문제가 발생하므로 임신 말기와 수유 초기에 칼슘을 잘 공급해 주시는 것이 어미와 새끼 모두에게 좋습니다.

지금까지 말씀드린 것들은 오랜 시간이 아니라 불과 두세 달 만에 일어나는 과정입니다. 이 짧은 기간 동안 보호자께서는 다

른 때보다 많은 관심과 신경을 써주시는 것이 좋습니다.

 마지막으로 한 가지 더 말씀드리고 싶은 것이 있습니다. 새끼를 분양하게 되시더라도 최소한 두 달 정도는 어미와 함께 있게 해주셔야 합니다. 그동안 어미의 젖도 먹고, 한 배에서 난 다른 새끼들과 놀기도 하면서 이 시기에 어미에게서 많은 것을 배우게 되고, 다른 새끼들과도 커뮤니케이션을 하게 됩니다. 어미와 다른 새끼들과의 관계를 통해 서로 배우며 사회성을 형성하게 되는 중요한 시기이기 때문에 너무 빨리 분양을 보내거나 입양하는 것은 바람직하지 않습니다. 새끼에게 충분한 시간을 주시고, 사회적으로나 건강상으로 문제가 없을 때, 그때 분양이나 입양을 해주시길 부탁드립니다.

발정 주기, 임신 & 출산 과정 key point

1. 발정 주기와 중성화 수술 시기에 대해 잘 숙지하세요!
2. 교배, 임신, 출산에 따른 관리 및 주의사항을 꼭 점검하세요!
3. 최소 두 달은 어미와 함께 지내도록 해주세요!

강아지 구급상자

'강아지 구급상자가 필요할까요?'라고 질문하시는 분들이 계실 겁니다. 사람도 그렇듯이 강아지들에게도 집에 간단하게 정리된 구급상자가 있으면 좋습니다.

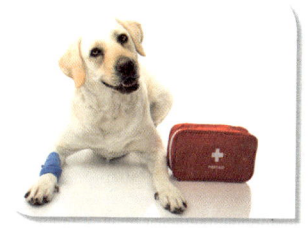

그렇다면 구급상자 안에 어떤 구성품들이 있으면 좋을까요. 많은 것들이 필요하지는 않습니다. 집에서 우리가 응급으로 처치를 할 수 있는 상황들을 생각해 보면 되겠죠. 예를 들어 아이들에게 상처가 났다면 빨리 소독을 해주고, 상처가 깊을 때는 병원을 방문하기 전 상황을 위한 일련의 응급처치

과정에 필요한 것이 구급상자입니다. 구급상자와 별개로 체온계는 필수로 가지고 계셔야 합니다. 아이들 열에 대한 체크는 만져보는 것으로도 알 수가 있지만, 그런 방법은 주관적이어서 정확성이 떨어지기 때문에 객관적인 아이의 건강 점검을 위해서는 체온계는 꼭 구비해 주시는 것이 좋습니다.

다시 구급상자 구성으로 돌아와서 어떤 것들이 필요한지 살펴보겠습니다. 붕대, 소독약, 간단한 연고, 거즈, 탈지면이 있을 수 있겠죠. 그리고 구급 용품은 아니지만 집에서 아이들에게 자주 쓰시는 발톱깎이, 안약은 평소에 가까운 곳에 두시는 것이 좋습니다. 안약을 상비해야 하는 이유로 아이들의 잦은 눈 깜빡임을 들 수 있습니다. 눈에 상처 때문에 그럴 수도 있지만, 눈에 털이 들어갔거나, 먼지가 들어가서 그럴 수도 있습니다. 그렇기 때문에 인공눈물이나 연고를 구급상자에 같이 갖추고 계시면 보호자께서 아이들을 관리하시는 데 도움이 될 것입니다.

특히 여름철에는 귀와 관련된 문제가 많이 생깁니다. 아마 이런 문제로 귀 세정제를 많은 분이 갖추고 계시리라 생각됩니다. 귀 세정제도 따로 두셔서 매번 찾느라 고생하지 마시고 구급상자에 같이 보관을 하시면 아이들 건강관리에 도움이 되실 겁니다.

강아지 구급상자 key point

1. 간단한 응급처치용으로 구급상자를 만드시면 좋습니다.
2. 체온계 구비는 필수!
3. 구급품과 함께 상비품도 함께 보관하시면 유용합니다.

귀 질환

귀 질환은 아이들에게 정말 많이 나타나는 증상입니다. 특히 여름철같이 습하고, 온도도 높은 경우에는 더 많이 발병을 합니다. 실제로 여름철에는 병원에 내원하시는 사례의 절반 가까이는 귀 질환과 관련됐다고 해도 과언이 아닙니다.

귀 질환이 일어나는 원인은 여러 가지가 있습니다. 순수하게 박테리아에 의해 발병되기도 하고, 곰팡이가 이유가 될 수도 있고, 음식이 원인이 될 수도 있습니다.

예를 들어 사료에 알러지 반응이 나타나면 제일 먼저 증상이 표출되는 곳이 바로 귀입니다. 귀 주위, 눈 주위, 입 주위가 빨갛게 부어오르고 심하면 염증도 동반되는 식으로 진행이 됩니다. 알러지는 귀를 포함한 여러 가지 피부질환의 베이스가 되기도 합니다. 알러지를 통해서 피부의 기본적인 장벽이 약화되면, 그 위에 박테리아나 곰팡이 등 다른 요소들이 추가적으로 작용을 하게 되고 병증이 심화되는 것입니다.

그렇다면 우리 아이가 귀 질환이 있다는 것을 어떻게 알 수 있을까요? 귀 질환을 앓고 있는 아이들의 전형적인 행동은 귀를 많이 긁거나 터는 것입니다. 머리를 털기도 하고, 귀 청소를 해주시다 보면 귀에서 불쾌한 냄새가 납니다. 냄새, 가려움증과 함께 정도의 차이는 있지만 귀 청소 시 귀에서 타르같이 검고 끈적거리는 물질이 나오는 경우도 있습니다. 또한 귀의 겉 부분이 빨갛게 부어오르거나, 발열 증상이 나타나는 일도 있습니다.

외이염이 있을 때 귀의 모습입니다.

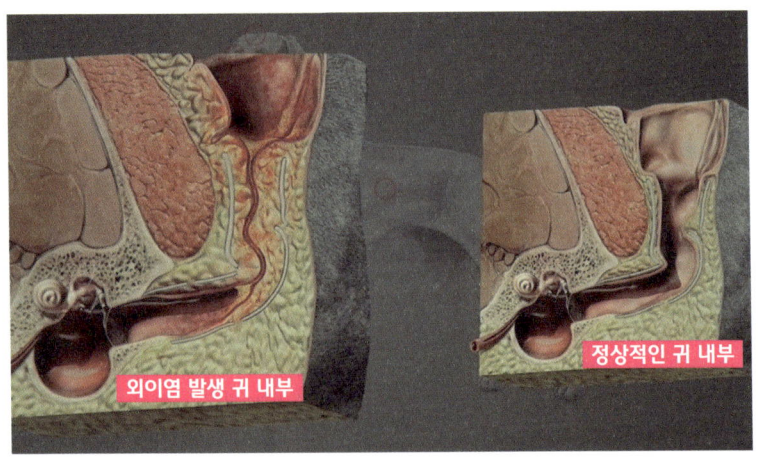

강아지의 귀는 'ㄴ' 자로 꺾여 있고 그 안에 고막이 있습니다. 귀 속 깊숙이 있기 때문에 그냥 들여다보면 육안으로는 확인이 힘듭니다. 외이도 부분은 깨끗한 상태로 공기가 잘 통할 수 있어야 합니다. 하지만 외이염이 있는 귀는 염증이 생기면서 귀 벽 자체가 부어오르게 됩니다. 그렇게 되면 통로가 점점 좁아지기 때문에 공기 순환도 잘 안 되고 귀 청소를 한다고 해도 귀 안쪽까지는 제대로 할 수가 없습니다. 외이염이 생기면 귀의 피부 자체도 염증이 생기면서 빨갛게 부어오르기 때문에 건드리게 되면 굉장히 아파하고 싫어합니다. 이렇게 되면 치료가 꼭 필요한 상황이 되는데 너무 오래 방치해두면 만성질환으로 넘어가게 됩니다.

병원에서 만성인지 급성인지 어떻게 판단하게 되느냐 하면 귀의 겉 부분을 보고 알 수가 있습니다. 귀 겉 부분에 염증이 지속해서 있었다면 피부 자체가 굉장히 두꺼워지게 되고, 비듬 같은 것이 생기면서 피부가 꾸불꾸불하게 두꺼워진 것을 볼 수 있습니다. 한눈에 봐도 그 정도의 상황이라면 만성질환이라는 판단이 서게 되는 것이죠. 어떤 질병이든 만성질환으로 넘어가게 되면 치료가 더 어려워집니다. 그러므로 처음에 질환이 나타났을 때 초기에 빨리 잡아주시는 것이 아주 좋습니다.

혹시라도 초기 질환을 넘어서 만성이 되어 있는 상태라면 집에서 혼자 해결하기는 힘듭니다. 병원을 찾아주시고 검사를 해보시는 것이 좋습니다. 여러 가지 원인이 나올 수 있지만 여름철에 가장 많이 접하는 곰팡이성 귀 질환일 경우에는 한 번 걸리면 치료도 어렵고, 치료되었다 해도 쉽게 재발하는 질병이기 때문에 꼭 병원에 내원하시는 것을 추천해 드립니다.

　귀를 치료하는 약도 여러 종류가 있습니다. 일단 귀 세정제가 있습니다. 세정제를 통해서 귀 안에 있는 병균들을 죽이는 방법은 많은 분이 알고 계실 텐데요. 그러나 저의 경험에 의하면 이런 한 가지 방법만으로는 치료가 잘 안 됩니다. 연고나 내복약을 병행했을 때 치료되는 속도도 더 빠릅니다. 그 이후에 귀 관리도 잘해주시면 재발의 위험도 줄일 수 있습니다.

　우리의 목적은 아이가 병에 걸리지 않게 관리해 주는 것이죠. 그렇다면 평소에 귀 관리를 어떻게 해줘야 할까요?

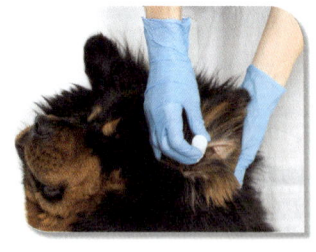

　많은 보호자께 귀 관리는 어떻게 해주시냐고 물어보면 대부분 일주일에 한 번은 귀 세정을 하신다고 자신 있게 답을 하십니다. 그런데 그것은 좋은 방법이 아닙니다. 건강한 귀를 가진 아이들의 귀에 귀 세정제를 넣고, 청소하고, 특히나 면봉을 이용해 귓속까지 잘 닦아주려고 하십니다. 그러다 보면 아이의 귓속에 상처가 생기겠죠. 면봉이라고 해도 완전히 부드러운 소재가 아니기 때문에 굉장히 예민한 귓속 피부에 상처가 생기는 것을 피할 수는 없습니다. 상처가 발생하고 오염되면 염증이 생기는 것은 당연한 이치겠죠. 이런 귀 관리를 통해 건강한 귀의 균형 상태가 깨지게 되면 그다음부터 병이 점점 커지는 것은 순식간입니다.

정상적인 귀는 고막 뒷부분부터 바깥쪽으로 세포분열이 일어나면서 자연스럽게 귀 밖으로 귀지를 밀어냅니다. 이렇게 밀려 나온 귀지들만 잘 닦아주시고 굳이 귀 안쪽을 닦으려고 하지 않으셔도 됩니다.

건강한 귀는 건드리지 않으시는 것이 좋습니다. 자꾸 귀를 건드리시면 긁어 부스럼이 되게 마련이죠. 어느 정도의 간격을 두시고 꼼꼼한 세정을 해주셔야 할 필요는 있으나, 잦은 귀 청소는 자제하시는 것이 좋습니다.

귀 세정 주기는 아이마다 다를 수 있습니다. 밖에서 놀면서 귀가 심하게 오염되는 아이도 있고, 밖에서 놀아도 귀가 아주 깨끗한 아이도 있습니다. 그러므로 아이에 따라 한 달이 될 수도 있고, 어떤 아이는 두 달이 될 수도 있습니다. 그런 세정주기는 보호자께서 면밀하게 관찰을 하시고 결정하셔야 하는 부분입니다.

귀 세정을 하실 때에는 아이 귀에 세정제를 충분히 넣어주시고 귀 위, 아래를 잡고 마사지를 해주는 것입니다. 이런 과정을 2~3회 반복해 주시면 됩니다. 귓속에 귀지나 다른 이물질이 들어 있다는 가정하에 처음 세정제를 넣음으로 인해 벽면에 붙어 있던 이물질이 떨어져 나오게 됩니다. 세정제를 넣고 마사지를 하는 과정에서 이물질이 불 수 있도록 시간을 갖는 것이죠. 그리고 2~3회 반복을 통해서 이물질을 밖으로 배출시키는 것입니다.

 마사지를 해주고 잘 닦아주면 그다음에는 아이가 자연스럽게 귀를 털게 될 것입니다. 이런 동작은 귀에 무엇인가가 들어갔기 때문에 생기는 반사적 행동입니다. 이때는 그냥 털게 내버려 두세요. 그러면서 귀 안에 있는 이물질이 자연스럽게 나오게 됩니다.

 터는 행동이 끝나면 보호자께서는 귀의 바깥 부분을 닦아주면 됩니다. 귀 바깥 부분에는 굴곡진 부분이 상당히 많기 때문에 그 사이사이 부분에는 면봉을 사용하시는 것도 괜찮습니다. 청소가 끝나면 찬바람으로 귀를 말려주면 더 좋지요! 다시 한번 강조하지만 건강한 귀는 건드리지 마세요!

귀 질환 key point

1. 귀 질환의 증상을 잘 숙지해 두세요!
2. 건강한 귀를 자주 세정해 주는 것은 좋지 않습니다.
3. 귀 세정을 하실 때는 꼼꼼하게!

노령견 질병 & 증상

  노령견이라고 하는 기준이 몇 살부터일까요? '6살부터다.', '7살부터 노령견이다.'하고 구분하시는 분도 많습니다. 사실 이런 기준에 대해 정확한 기준을 가지고 말씀드리기는 조금 어려움이 있습니다. 왜냐하면 사람도 몇 살부터 노인이라고 정하는 것이 상당히 애매하기 때문입니다. '지하철이 65세부터 무임승차가 가능하니 65세 이상은 노인이다.', '그러면 60세는 노인이 아닌 것이냐.' 이렇듯 기준을 잡는 것은 참으로 어렵죠.

  그럼에도 불구하고 말씀을 드리자면, 대략적인 강아지들의 나이를 계산할 때는 사람의 나이와 비교해서 계산하시는 것이 가장 이해가 쉽게 될 겁니다. 하지만 모든 강아지에게 똑같이 적용되지는 않는다는 것도 미리 말씀드립니다.

소형견, 중형견, 대형견. 견종의 크기에 따라 나이 계산법이 다릅니다. 대부분 알고 계시듯이 대형견들은 소형견들보다 수명도 짧고, 노령견이 되는 시기도 상대적으로 빠릅니다. 주변에서 흔히 보실 수 있는 15kg 이상의 강아지들에 대해서 나이를 측정할 수 있는 기준에 대해 대략 말씀을 드린다면 5살 정도 되면 사람 나이로 40세 정도 되었다고 보시면 됩니다.

　노령견이 걸리는 질병이 따로 정해져 있지는 않습니다. 사람과 마찬가지로 강아지도 어릴 때는 질병에 걸리는 일이 적습니다. 사람의 경우 종양 즉, 암이라고 부르는 것들은 나이를 먹었을 때 걸리는 병이지 아이들이 걸리는 병이 아니듯 강아지도 마찬가지입니다. 강아지도 어렸을 때는 선천적인 질병을 제외하고서는 여러 가지 질병들이 나타나는 시기는 아닌 것이죠. 그런 이유로 나이가 들면서 점차 여러 질병이 나타나는 것입니다.

　가장 대표적으로 말씀드릴 수 있는 질환은 노인성 백내장이 있습니다. 유아에게서도 나타날 수 있지만, 이 경우에 말씀드릴 수 있는 것은 노인성 백내장이겠죠. 또 자궁축농증, 유선 종양도 어렸을 때는 잘 나타나지 않습니다. 이런 것들이 어렸을 때 나타나는 것은 조금 특이한 경우이고 대부분이 4~5살 혹은 10살 이상이 되었을 때 흔히 발병하게 되는 질병입니다. 이외에 당뇨, 피부 종양을 포함한 여러 장기에서 발생하는 종양들도 결국은 나이가 들면서 나타나는 것들입니다.

　심장질환에 대해서 걱정하시는 분들이 있으리라 생각됩니다. 우리 아이들이 나이를 먹으면서 심장이 안 좋아지는 사례가 매우 많습니다. 연구 결과에 따르면 우리가 키우는 아이들 중에 대략 30% 정도 가까이 노령견이 되었을 때 심장 판막에 이상이 생긴다고 합니다. 심장 판막이 샌다고 했을 때, 제대로 닫히지 않는다고 해서 무조건 약을 먹여야 하는 것은 아닙니다. 상태에 따라 조금 새거나, 많이 새는 차이가 있습니다. 이런 경우에는 자세한 검사를 받아 보신 후 약을 먹여야 하는 시기에 대해서 수의사 선생님과 상의하시고 결정하시는 것이 현명한 방법입니다.

회음부 헤르니아의 경우 젊었을 때는 근육이 강하고 튼튼하게 잘 유지를 해줬지만 나이를 먹고 점차 근육이 노쇠하게 되면서 발병률이 높아지는 것 중 하나입니다. 또한 나이가 들면서 설사나 구토 증상이 반복적이고 지속적으로 나타난다면 검사가 꼭 필요합니다. 이런 경우 신장이나 간 쪽이 좋지 않은 사례가 상당히 많이 있습니다. 그래서 만성 신부전증이나 간 질환 등도 나이와 연관 지어서 생각해 볼 수 있습니다.

아주 나이가 많은 경우에 치매에 걸리는 아이들도 있습니다. 치매에 걸린 아이들이 어떤 증상을 보이느냐 하면, 목적이 없이 여기저기를 배회합니다. 거실에서 쓸데없는 행동을 하거나, 벽을 장시간 보고 있거나, 한자리에서 빙글빙글 돌기도 하고 아무 생각 없이 멍하니 한 곳을 응시하는 등 여러 가지로 나타날 수 있습니다.

그 외에 쿠싱 증후군이라고 하는 병도 있고 기타 여러 가지 질병들이 있는데 이런 것들이 아이들이 점차 나이를 먹으면서 노령견이 되고 겪는 질병 증상들입니다. 병이라는 것은 나이가 들면서 더 많이 찾아오고 이런 질병은 어떻게 막을 수 있는 것은 아닌 것 같습니다. 어느 분의 말씀처럼 병은 손님처럼 찾아온다고… 우리가 초대하지 않아도 오는 것이겠죠.

이런 질병들을 예방하기 위해서 아이를 철저히 관리해주고, 좋은 음식도 먹여주고, 평소에 관심을 보여주는 것이 우리가 할 수 있는 것이라 생각됩니다. 그럼에도 아이들이 질병에 노출이 되었을 때는 가까운 병원을 찾으셔서 병의 질환이 심각해지기 전에 적절한 치료를 받게 하는 것 또한 우리가 해줄 수 있는 일인 것 같습니다.

노령견 질병 & 증상 key point

1. 노령견의 기준은 소형견, 중형견, 대형견에 따라 다릅니다.
2. 노령견의 심장 질환은 정확한 진단에 따른 빠른 조치가 필요합니다.
3. 노령견으로 접어들수록 노출될 수 있는 질병이 많습니다.

맺음말

펫팸족이라는 신조어가 생기고 그에 따른 문화들이 자리를 잡을 정도로 반려동물에 대한 인식도 참으로 많이 바뀌었습니다. 그러나 서울의 한 연구소의 조사에 따르면 국내에서 반려동물과 함께 사는 인구 중에 사육 지식을 습득하지 않고 입양하는 경우가 아직도 전체의 24%에 달한다고 합니다.

강아지를 입양하기로 결정을 내리고 데려오기까지는 상당한 고민의 시간이 필요합니다. 그리고 강아지와 함께 하는 시간은 그의 몇 배가 되는 시간이 되겠죠. 하지만 버려지는 것은 한순간입니다.

내 아이가 키우자고 해서, 지나가다가 예뻐서, 충동적으로, 호기심에…. 이렇게 선반 위에 올려놓을 장난감을 고르듯이 샀다가 더럽고, 냄새나고, 귀찮고, 싫증 나고, 생각이랑 달라서 버려지는 아이들은 수도 없이 많습니다. 주위에서, 각종 매체에서 보이는 예쁘고 사랑스러운 강아지는 그냥 만들어지는 것이 아닙니다. 보호자의 무던한 노력이 있어야만 가능한 모습입니다.

강아지와 함께 하는 시간이 행복한 것은 사실이지만 항상 핑크빛만 있는 것은 아니라는 겁니다. 예쁜 옷과 액세서리로 치장을 하고 인형 같은 모습을 만들어주는 미용 등 강아지의 외적인 모습을 가꿔주는 것은 어쩌면 보호자만의 만족을 위

한 것일지도 모릅니다. 그에 따른 비용 지출은 당연한 것이겠지요. 하지만 강아지가 갑작스레 아프기라도 했을 때 발생하는 지출에 대해서는 왠지 모르게 망설여질 수 있습니다. 또한 강아지의 몸과 마음을 위해 꼭 필요한 산책은 귀찮은 일이 될 수도 있습니다. 집에 강아지가 들어오는 그 순간부터 개인적으로 포기해야 할 부분도 많은 것이 사실입니다.

강아지가 혼자서 스스로 할 수 있는 것은 자고, 싸는 것이 다입니다. 먹을 것도 챙겨줘야 먹을 수 있고, 노는 것도 함께 놀아줘야 놀 수 있습니다. 목욕도 스스로 할 수 없고, 문을 열어줘야 밖에 나갈 수 있고, 아파도 혼자 병원을 갈 수는 없습니다. 이런 아이들에게 보호자는 최소한의 노력은 해야 합니다.

때가 되면 밥을 주고 함께 걷고 놀면서 시간을 보내고 때에 맞게 예방접종도 시켜줘야 하며 발톱도 부러지지 않게 주기적으로 다듬어줘야 하죠. 이런 것이 결코 쉽다고는 할 수 없지만 보호자의 무관심으로 인해 강아지가 고통을 받을 필요는 없지 않을까요? 이 책이 그에 맞는 안내서가 되었으면 좋겠습니다.

강아지와의 행복한 생활을 위해서는 무엇보다 보호자의 지속적인 노력과 관심이 필수라는 것을 꼭 잊지 말아 주세요!

반려견 셀프 미용
그리고 홈 케어